WISSEN FÜR KINDER
DAS WETTER

OMNIBUS

Der OMNIBUS Taschenbuchverlag gehört zu den
Kinder- & und Jugendbuch-Verlagen in der
Verlagsgruppe Random House
München · Berlin · Frankfurt · Wien · Zürich
www.omnibus-verlag.de

Band 21052

Deutsche Erstausgabe Januar 2002
Gesetzt nach den Regeln der Rechtschreibreform
© 2002 C. Bertelsmann Jugendbuch Verlag, München,
in der Verlagsgruppe Random House GmbH
Alle deutschsprachigen Rechte vorbehalten
Die englische Originalausgabe erschien 2001
unter dem Titel »Marshall Mini – Weather«
A Marshall Edition
© 2000 Marshall Editions Developments Ltd.
All rights reserved
Originaltext von: Sue Nicholson
Übersetzerin: Martina Tichy
Projektbetreuung, Umschlaggestaltung und Satz:
Atelier Langenfass, Ismaning
Redaktion: Textpraxis, Dagmar Reichardt
st · Herstellung: WM
ISBN 3-570-21052-9
Printed in Hongkong
10 9 8 7 6 5 4 3 2 1

WISSEN FÜR KINDER

DAS WETTER

Sue Nicholson
Aus dem Englischen von Martina Tichy

Inhalt

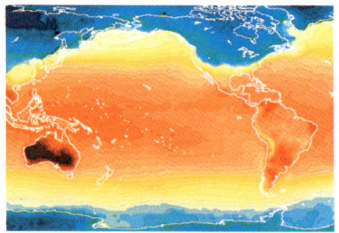

Wettersysteme

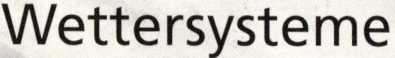

Unser veränderlicher Himmel spiegelt wilde Bewegungen in der Atmosphäre wider: Hier entstehen die Wettersysteme der Erde.

Wetter –
Was ist das?

Wetter ist das, was eben jetzt draußen herrscht. Alles gehört dazu – die täglich wechselnden Temperaturen und Winde, Regen und Sonnenschein, in jedem Winkel unserer Erde.

Regen oder Sonne?

Wie ist das Wetter heute? Vielleicht sonnig und warm oder regnerisch und kühl. In manchen Regionen bleibt das Wetter über lange Zeiträume hinweg konstant. Woanders ändert es sich von Tag zu Tag. Mitunter kann das Wetter gefährlich werden. Stürme, Überschwemmungen und Dürren kosten viele Menschenleben; daher ist es lebensnotwendig, aus Wetterbeobachtungen Voraussagen ableiten zu können. Wissenschaftler, die sich mit diesem Fach – der Meteorologie – befassen, heißen Meteorologen.

Das Wetter betrifft uns alle. Es entscheidet darüber, was wir anziehen, ob wir uns mit Sonnencreme einreiben oder besser einen Regenschirm mitnehmen.

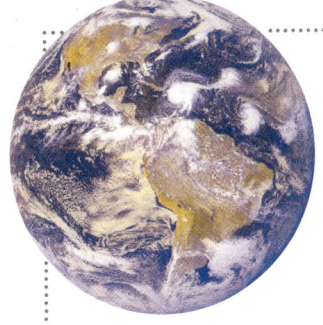

Das Satellitenbild zeigt Wolken in Rotation um die Erde.

Wetter weltweit

Rund um den Globus erleben die Menschen in eben diesem Augenblick ganz unterschiedliche Arten von Wetter. An manchen Orten ist es windstill, heiter und sonnig. An anderen fällt leichter Regen. Woanders wiederum toben vielleicht orkanartige Winde, verheerende Wolkenbrüche oder Gewitter.

Luftschichten

Die Erde ist von einer warmen Lufthülle – der Atmosphäre – umgeben; sie schützt die Erde vor der gnadenlosen Hitze und den schädlichen Strahlen der Sonne. Die Atmosphäre besteht aus verschiedenen Schichten. Unser Wetter bildet sich fast ausschließlich in der Troposphäre – der untersten Schicht der Atmosphäre.

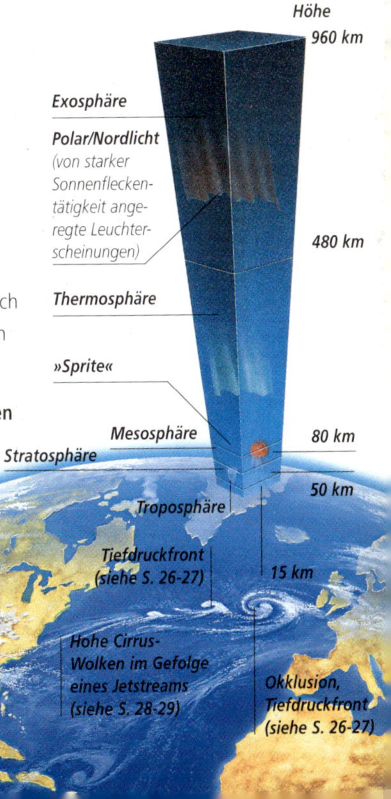

Satellitenbilder aus dem All geben dem Wetterdienst Aufschluss darüber, wo sich Stürme zusammenbrauen.

Höhe
960 km

Exosphäre

Polar/Nordlicht
(von starker
Sonnenflecken-
tätigkeit ange-
regte Leuchter-
scheinungen)

480 km

Thermosphäre

»Sprite«

Mesosphäre　80 km

Stratosphäre

50 km

Troposphäre

15 km

Gewitter
(siehe S. 40-43)

Tiefdruckfront
(siehe S. 26-27)

Hohe Cirrus-
Wolken im Gefolge
eines Jetstreams
(siehe S. 28-29)

Hurrikan
(siehe S. 50-53)

Okklusion,
Tiefdruckfront
(siehe S. 26-27)

Die Wettermaschine

Das Wetter gleicht einer gigantischen Maschine, deren Brennstoff oder Energie die Sonne liefert. Das komplizierte Zusammenwirken von Sonne, Luft und Wasser bestimmt und beeinflusst unser Wetter.

Die Kraft der Sonne

Die Sonne erhitzt und belebt die Erdatmosphäre, indem sie Luft und Wasser um
den Globus treibt. Allerdings verfährt sie
dabei nicht gleichmäßig: Je nach Zielpunkt
treffen ihre Strahlen in unterschiedlichen
Winkeln auf. Am intensivsten ist die Sonneneinstrahlung über dem Äquator, wo die Strahlen direkt auf
die Erdoberfläche treffen; an den Polen wirkt sie weniger intensiv.

Wendekreis des Krebses

Äquator

Wendekreis des Steinbocks

Sonnen-
einstrahlung

Spiegel der Sonnenenergie

Bestimmte Teile der Erdoberfläche reflektieren die Sonnenwärme und beeinflussen mancherorts die Temperatur.
Schnee und Eis reflektieren 90% der
Sonnenwärme. Asphaltierte Straßen
reflektieren nur 5% – und
absorbieren den
Rest.

Sonneneinstrahlung

5%

20%

45%

90%

Straße

Weiden

Wüste

Schnee und Eis

Orkanartige Böen peitschen das Meer zu hohen Wellen auf.

Die Kraft des Windes

Warme, feuchte Luft zirkuliert als Wind von heißen zu kalten Regionen um die Erde. Diese Luftbewegungen verteilen die Hitze gleichmäßig über die Erdoberfläche. Die Erdumdrehung kann die Winde von ihrem Kurs abbringen. Sie können von gewaltigen Stürmen zum Erliegen gebracht oder von hohen Gebirgszügen aufgehalten werden.

Die Kraft des Wassers

In der Erdatmosphäre durchläuft das Wasser einen endlosen Zyklus, den so genannten Wasserkreislauf. Wasser aus Flüssen, Seen, Ozeanen sowie von Pflanzen und Tieren verdunstet und steigt als Wasserdampf in die Atmosphäre auf (1). In den höheren, kühleren Luftschichten kondensiert der Wasserdampf zu Wolken (2). Diese geben das Wasser in Form von Niederschlägen – Regen, Hagel oder Schnee – wieder an die Erdoberfläche ab (3). Dort versickert das Wasser in den Boden (4) und kehrt so in die Flüsse und Ozeane zurück.

Der Wasserkreislauf

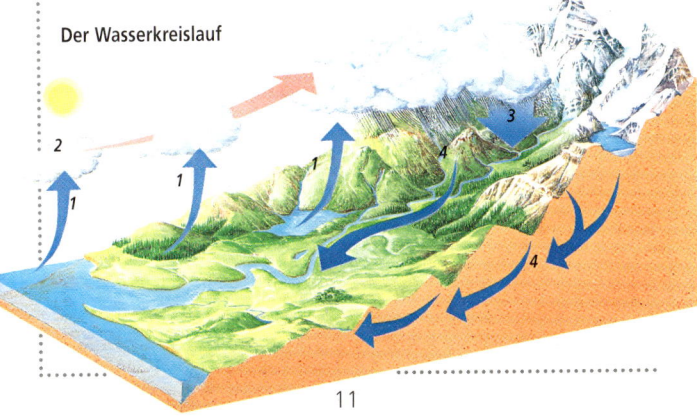

Wie sich Wolken bilden

Die Luft ist grundsätzlich feucht, weil sie Wasserdampf enthält. Sichtbar wird dieser nur dann, wenn er zu winzigen Tropfen kondensiert, die als Wolken am Himmel schweben.

Wolkenbildung

Wolken bilden sich in der Troposphäre – der untersten Schicht der Atmosphäre, in der sich die meisten Wetterphänomene abspielen. Hier nimmt die Temperatur nach oben hin ab; ganz oben beträgt sie ca. -55°C. Wolken bilden sich durch Luft, die in die Troposphäre aufsteigt, sich abkühlt und den Wasserdampf zu Tropfen kondensiert. Bei großer Kälte gefriert der Wasserdampf zu Eiskristallen. An sonnigen Tagen erwärmen sich die nackte Erde und Felsflächen stärker als das umliegende Land. Sie geben die Wärme an die darüber liegende Luft ab, die als Blase (thermische Strömung) nach oben steigt. Aus der kondensierten Luft entsteht eine kleine Wolke. Der Wind trägt sie fort; weitere Wolken bilden sich nach dem gleichen Schema.

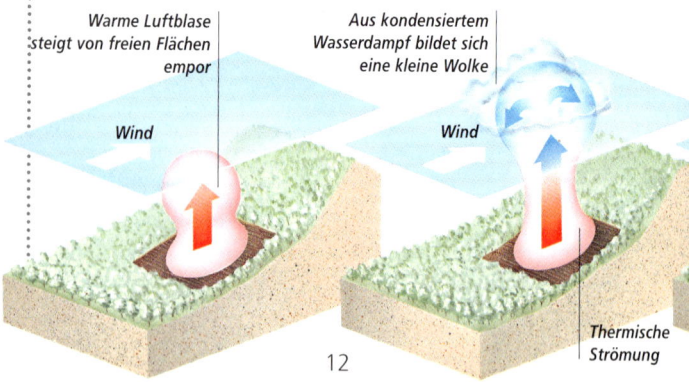

Warme Luftblase steigt von freien Flächen empor

Aus kondensiertem Wasserdampf bildet sich eine kleine Wolke

Wind

Wind

Thermische Strömung

Tief hängende Wolken

Nebel oder Dunst sind nichts anderes als dicht über dem Boden hängende Wolken. Nebel bildet sich häufig in klaren Nächten, wenn der Boden rasch kalt wird, die Luft unmittelbar darüber sich abkühlt und der Wasserdampf zu Tröpfchen kondensiert. Nebel dieser Sorte wird gewöhnlich am folgenden Morgen von der Sonnenwärme zerstreut.

Nebel bildet sich in windstillen, klaren Nächten an Talböden.

Wann bilden sich Wolken?

Die vier wichtigsten Bildungsarten: (1) Die Sonne erwärmt den Boden und die Luft steigt als thermische Strömung empor; (2) die Luft steigt an einem Gebirge nach oben; (3) zwei Luftströmungen treffen aufeinander und werden nach oben gepresst; (4) eine Kaltfront schiebt sich unter eine (leichtere) Warmfront.

1 Über erwärmtem Boden

2 Über Hügeln und Gebirgen

3 Strömungen drücken sich hoch

4 Eine Kaltfront schiebt sich unter eine leichtere Warmfront

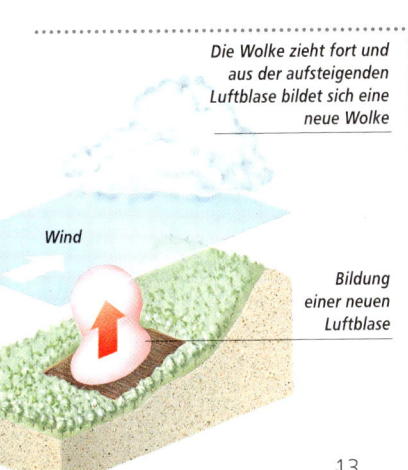

Die Wolke zieht fort und aus der aufsteigenden Luftblase bildet sich eine neue Wolke

Wind

Bildung einer neuen Luftblase

Wolken-typen

Wolken unterscheiden sich in Größe, Form und Dicke, je nachdem, welche Kräfte die Luft emporsteigen, abkühlen und Wolken entstehen lassen.

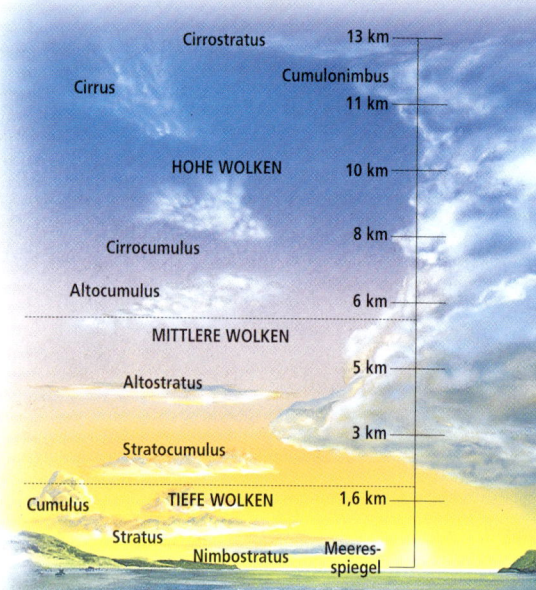

Cirrostratus — 13 km

Cirrus

Cumulonimbus

11 km

HOHE WOLKEN — 10 km

8 km

Cirrocumulus

Altocumulus

6 km

MITTLERE WOLKEN

5 km

Altostratus

3 km

Stratocumulus

Cumulus

TIEFE WOLKEN — 1,6 km

Stratus

Nimbostratus

Meeres-spiegel

Wolkennamen

Die erste Einteilung in Wolkentypen stammt von Luke Howard (1772-1864); er gab ihnen lateinische Namen. Cumulus bedeutet Haufen, Stratus Schicht. Cirrus bezeichnet Fetzen oder Büschel (zum Beispiel von Haar) und Nimbus eine Regenwolke. Alle anderen Bezeichnungen leiten sich aus den Oberbegriffen für die zehn wichtigsten Wolkentypen ab.

Cumulus

Die bauschigen Cumulus-Wolken bilden sich oft an Sonnentagen, wenn die Luft über einem aufgeheizten Hang oder Feld emporsteigt. Altocumulus-Wolken sind mittlere Wolken (obwohl das lateinische *alto* »hoch« heißt). Wächst eine Cumuluswolke weiter an, entsteht mitunter eine gewaltige, kilometerdicke Cumulonimbus- oder Gewitterwolke.

Stratus

Stratus- oder Schichtwolken entstehen, wenn große Mengen an Warmluft langsam aufsteigen und sich über eine kalte Luftschicht oder über einem Berg ausbreiten. Altostratus-Wolken können (wie Altocumulus-Wolken) aus Wassertröpfchen und Eiskristallen bestehen. Nimbostratus-Wolken sind meist grau und zeigen Regen an.

Cirrus

Cirrus-Wolken erscheinen meist als fasrige weiße Büschel oder als weiße Fetzen und Streifen. Sie bestehen aus Eiskristallen und bilden sich (in etwa 11 km Höhe) im oberen Teil der Troposphäre, zu der auch Cirrocumulus- (in ca. 8 km Höhe) und Cirrostratus-Wolken (ca.13 km) gehören.

15

Regen

Es regnet nur dann, wenn Millionen winziger Wolkentröpfchen gemeinsam größere Tropfen bilden, die groß und schwer genug sind, um zu Boden zu fallen.

Die Art des Niederschlags hängt davon ab, ob eine Wolke Tröpfchen, Eiskristalle oder beides birgt. Tief hängende, flache Wolken enthalten nur Tröpfchen, die als Nieselregen oder Regen niedergehen. In dickeren Wolken sind Tröpfchen und Eiskristalle: Sie entleeren sich mit Regen, Schnee oder Graupelschauern.

Niederschlag

Alle feuchten Ergüsse aus der Atmosphäre (Regen, Schnee, Nieselregen, Graupel und Hagel) werden als Niederschlag bezeichnet. Innerhalb einer Wolke ist die Luft ständig in Bewegung. Dabei prallen Wassertröpfchen aufeinander und bilden größere Tropfen. Diese werden schließlich zu schwer, um weiter in der Wolke zu schweben, und fallen zu Boden. Regentropfen haben bis zu 5 mm Durchmesser. Weil größere Tropfen schneller herabfallen als kleine, beginnen Regenschauer oft mit einem prasselnden Ausbruch. Bei Schneefall verbinden sich viele Eiskristalle zu einzelnen Schneeflocken, die groß und schwer genug sind, um zu Boden zu gelangen.

Manchmal frieren Wassertropfen an Eiskristallen fest und bilden durchsichtige Hagel- oder milchige Graupelkörner. Erstere sind erbsen- bis hühnereigroße Eiskugeln, letztere eher schneeähnliche, weichere Eiskörner. Hagel bildet sich in Cumulonimbus-Wolken (siehe S. 18-19).

Cumulonimbus-Wolke

Wassertropfen und Eiskristalle

Wassertropfen und Eiskristalle

Hagel

Regen Graupel Pappschnee Pulverschnee

Regenbögen

Wenn Sonnenlicht durch Millionen von Wassertropfen scheint, entsteht ein Regenbogen. Jedes Tröpfchen wirkt wie ein winziges Prisma und spaltet das Licht in sieben Farben des Spektrums auf – Rot, Orange, Gelb, Grün, Blau, Indigo und Violett (Diagramm siehe S. 75). Die stärkste Leuchtkraft und Klarheit gewinnen die Farben meist an den beiden Enden des Bogens, wo die größten Regentropfen zu finden sind.

Das natürliche Spektrum des Regenbogens – aus den Farben des Sonnenlichts.

Hagel und Schnee

Schnee ist Niederschlag aus Wolken in Form von Eiskristallen. Hagelkörner bilden sich als Eiskügelchen in Cumulonimbus-Wolken. Sie können hühnereigroß werden und großen Schaden anrichten.

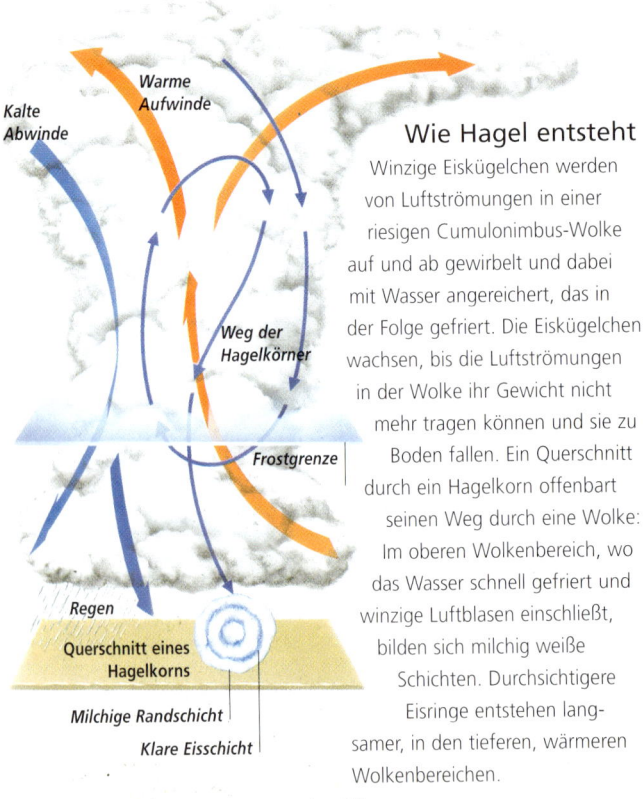

Warme Aufwinde

Kalte Abwinde

Weg der Hagelkörner

Frostgrenze

Regen

Querschnitt eines Hagelkorns

Milchige Randschicht

Klare Eisschicht

Wie Hagel entsteht

Winzige Eiskügelchen werden von Luftströmungen in einer riesigen Cumulonimbus-Wolke auf und ab gewirbelt und dabei mit Wasser angereichert, das in der Folge gefriert. Die Eiskügelchen wachsen, bis die Luftströmungen in der Wolke ihr Gewicht nicht mehr tragen können und sie zu Boden fallen. Ein Querschnitt durch ein Hagelkorn offenbart seinen Weg durch eine Wolke: Im oberen Wolkenbereich, wo das Wasser schnell gefriert und winzige Luftblasen einschließt, bilden sich milchig weiße Schichten. Durchsichtigere Eisringe entstehen langsamer, in den tieferen, wärmeren Wolkenbereichen.

Schneeflocken

Winzige Eiskristalle verbinden sich zu schönen, sechsseitigen Sternformen, den Schneeflocken. Meist schmelzen sie, bevor sie den Boden erreichen. Nur wenn die Luft am Boden kalt genug ist, kommt es zu Schneefall. Schneeflocken sind zarte Gebilde – deshalb zerfallen sie häufig im Flug; oder aber sie klumpen mit anderen Flocken zusammen. Keine Schneeflocke gleicht der anderen – jede ist so unverwechselbar wie ein Fingerabdruck. In sehr kalter, trockener Luft backen die Eiskristalle nur lose zusammen und fallen als feiner, puderiger Pulverschnee. Feuchter Pappschnee entsteht bei Temperaturen um den Gefrierpunkt; dann formen sich die Eiskristalle zu größeren Schneeflocken.

Raureif

In klaren, windstillen Nächten kühlt die Luft so weit ab, dass ein Teil des Wasserdampfs zu einem dünnen, wässrigen Überzug – dem Tau – kondensiert. Sinkt die Temperatur unter den Gefrierpunkt ab, gefriert dieser Wasserdampf zu Eiskristallen und bildet Raureif – einen Bodenbelag aus glitzernden, nadelähnlichen weißen Kristallen. Raufrost ähnelt Raureif, ist aber dicker und bildet sich häufig bei Nebel.

Frühjahrsfrost kann junge Pflanzen schädigen oder gar zerstören.

Laue Brisen und raue Winde

Die Luft zirkuliert als Windströmung um die Erde. Es gibt lokal begrenzte und weltumspannende Winderscheinungen.

Luftdruck

Winde entstehen durch veränderten Luftdruck – das ist die Kraft oder das Gewicht, die die Lufthülle auf die Erde ausübt. Bei Erwärmung dehnen die Luftpartikel sich aus, verlieren an Dichte und steigen empor. Da die Luft hier nur schwach nach unten drückt, entsteht eine Zone mit niedrigem Luftdruck, auch Tiefdruckgebiet genannt. Bei Abkühlung ziehen die Luftpartikel sich zusammen, werden dichter und sinken nach unten: Ein Hochdruckgebiet (Antizyklone) entsteht.

Sonne

Aufsteigende Warmluft

Höhenwinde

Absinkende Kaltluft

Tiefdruckgebiet

Hochdruckgebiet

Bodenwinde

Bodenwinde entstehen, wenn Kaltluft hinter aufsteigender Warmluft nachströmt. Höhenwinde entstehen, wenn die aufsteigende Luft die obere Atmosphäre erreicht und in den Sog der absinkenden Kaltluft gerät.

Örtliche Küstenwinde

Am Meer wechselt die Windrichtung von Tag zu Nacht. Tagsüber erwärmt sich das Land rascher als das Meer und heizt die darüber lagernde Luft auf, die emporsteigt. Von der See fließt kalte Luft landeinwärts und tritt an die Stelle der aufsteigenden Warmluft. Nachts kühlt das Land schneller ab als das Meer; der Wind dreht und weht vom Land fort Richtung Meer.

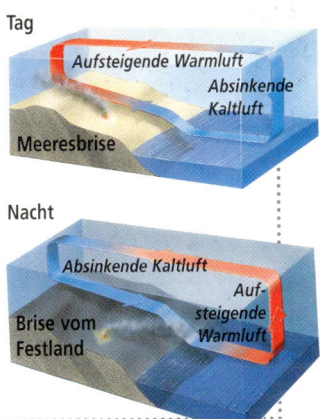

Tag

Aufsteigende Warmluft

Absinkende Kaltluft

Meeresbrise

Nacht

Absinkende Kaltluft

Aufsteigende Warmluft

Brise vom Festland

Ein Paraglider lässt sich von thermischen Aufwinden emportragen.

Wann wehen Winde?

Winde wehen, wenn Kaltluft an die Stelle von Warmluft tritt, also wenn Luft aus einem Hochdruckgebiet in ein Tiefdruckgebiet eindringt. Je größer der Druckunterschied zwischen einem Tief und einem Hoch ist, desto stärker bläst der Wind.

Hoch und Tief

Ein Hoch bringt meist gutes, sonniges Wetter mit leichten Brisen oder Winden. Ein Tief bedeutet meist schlechtes Wetter mit dichter Bewölkung und starkem Wind. Der Wind bläst nicht immer mit gleicher Kraft. Böen entstehen häufig über unebenem Gelände und können recht unvermittelt umspringen und die Richtung wechseln.

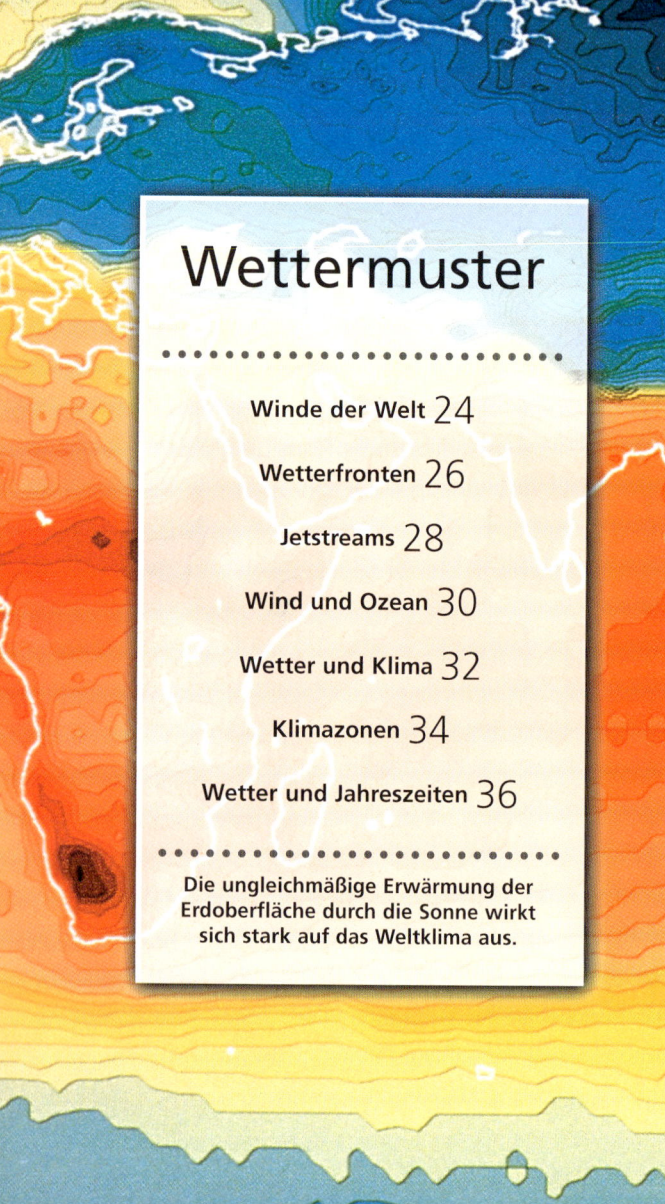

Wettermuster

· ·

· ·

Die ungleichmäßige Erwärmung der
Erdoberfläche durch die Sonne wirkt
sich stark auf das Weltklima aus.

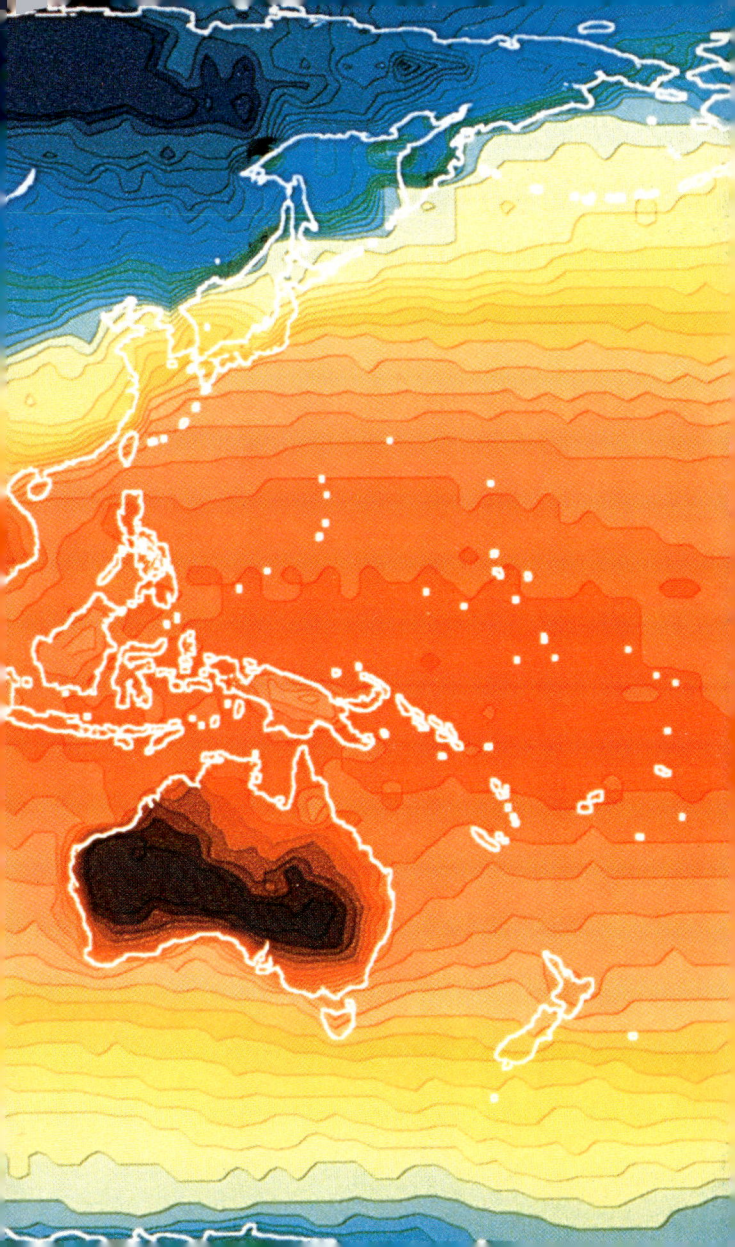

Winde der Welt

Große Massen aufsteigender Luft erzeugen Wolken und Stürme, große Massen absinkender Luft hingegen trockeneres Wetter. Daraus ergeben sich Windströmungen rund um die Erde: die »globale Zirkulation«.

Absinkende Luft

Jetstream (Strahlstrom)

Aufsteigende Luft

Polarfront

Absinkende Luft

Südwestwinde

WENDEKREIS DES KREBSES

Nordostpassat

Hurrikan

Aufsteigende Luft

ÄQUATOR

Südostpassat

WENDEKREIS DES STEINBOCKS

Absinkende Luft

Nordwestwinde

Polarfront

Aufsteigende Luft

Absinkende Luft

Globale Winde

Am Äquator (wo die Sonne die Erde am stärksten erwärmt) erzeugt die aufsteigende Luft gewaltige Cumulonimbus-Wolken und heftige Niederschläge. Aus Regionen nördlich und südlich des Äquators ziehen starke und stete, kühlere Luftströmungen (die Passatwinde) nach. An den Polen breitet sich die absinkende Kaltluft aus und trifft entlang der so genannten Polarfronten auf wärmere Winde. An diesen Grenzlinien prallen kalte und warme Luft aufeinander; es entsteht ein stürmisches, frontales Tiefdruckgebiet (siehe S. 26-27).

Die Winde der Welt sind nach den Richtungen benannt, aus denen sie wehen.

Verlauf der Luftströmungen um die Erde, vom All aus gesehen

Verlauf der Luftströmungen um die Erde, vom Boden aus gesehen

Drehung der Erdachse

Corioliskraft

Die Winde der Welt folgen keinem geraden Kurs, weil die Erde sich ständig von West nach Ost dreht. So weht etwa ein Wind südwärts über Regionen hinweg, die sich gleichzeitig nach Osten drehen, und wird dadurch umgelenkt.

Vom Boden gesehen beschreibt der Windverlauf eine Kurve: Ursache ist die Corioliskraft.

Bergwinde

Wenn ein Wind hohe Berge überwindet, kondensiert Wasserdampf in Form von Wolken, Regen oder Schnee. Von den Höhen mit ihrem niedrigen Luftdruck weht er zu Tal, wo ebenfalls Tiefdruck herrscht. Dabei wird die Luft komprimiert (auf engen Raum zusammengedrückt) und erwärmt. Der trockene, heiße Wind aus den Bergen heißt in Südkalifornien »Santa Ana«, in den Rocky Mountains »Chinook« und in den Alpen »Föhn«.

Auf ihrem Weg über hohe Berge verliert die Luft an Feuchtigkeit, wird trockener und wärmer.

Aufsteigende Luft bildet Wolken und Niederschlag

Warme trockene Luft

Kühle Luft mit viel Wasserdampf

Wetterfronten

Als Wetterfront bezeichnet man die Grenzlinie, an der zwei Luftmassen aufeinander treffen. Wetterfronten bedeuten unbeständiges Wetter, oft mit Bewölkung und Regen.

Warm- und Kaltfronten

Unbeständige Wetterverhältnisse herrschen häufig in den mittleren Breitengraden (etwa auf der Hälfte zwischen Äquator und den Polen), wo warme, tropische Luft auf kalte Polarluft trifft. Die Warmluft steigt als Blase in kältere Luft auf, und die Luft beginnt um ein Tiefdruckzentrum zu zirkulieren. Bei einer Warmfront steigt die Warmluft über die Kaltluft empor und erzeugt Wolken und leichten Regen. Bei einer Kaltfront schiebt sich Kaltluft in, hinter und unter Warmluft, was dichtere Wolken und Regen zur Folge hat. Ein solches »frontales Tief« kann mehrere Tage anhalten.

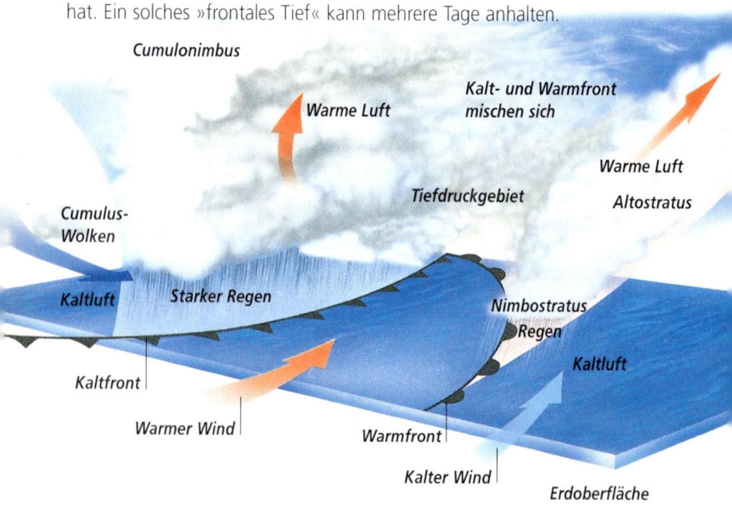

Cumulonimbus

Warme Luft

Kalt- und Warmfront mischen sich

Warme Luft

Tiefdruckgebiet

Altostratus

Cumulus-Wolken

Kaltluft

Starker Regen

Nimbostratus
Regen

Kaltluft

Kaltfront

Warmer Wind

Warmfront

Kalter Wind

Erdoberfläche

Beim Durchzug einer Kaltfront reißen Cumulonimbus-Wolken auf und lassen stellenweise klaren Himmel sehen.

Okklusion

Zur Okklusion kommt es, wenn eine Kaltfront eine Warmfront einholt und vom Boden abhebt, so dass die Kaltfront zwischen zwei kalten Luftschichten liegt und das Tief zusammenbrechen lässt. Bei einer warmen Okklusion steigt die Kaltfront über der Warmfront empor. Bei einer kalten Okklusion schiebt sich die Kaltfront unter die Warmfront.

Cirrus

Cirrostratus

Beim Anrücken einer Warmfront gehen die Wolkenformen von Cirrus über Cirrostratus und Altostratus zu Nimbostratus über. Eine Kaltfront bringt Cumulonimbus-Wolken und starken Regen mit sich.

Verlauf der Fronten

Ein ausgeprägtes Tiefdruckgebiet kann als eine bis zu 1 600 km breite Sturmzone tausende von Kilometern zurücklegen und bis zu seiner Auflösung vielen Regionen stürmisches, unbeständiges Wetter bescheren. Der Verlauf der Fronten ist auf Wetter-

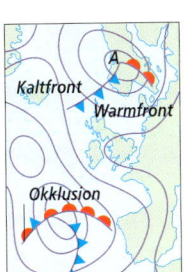

karten mit geschwungenen Linien einge-zeichnet (siehe auch S. 72-73).

Auf Wetterkarten erscheint ein Tief als Knick (A).

27

Jetstreams

Bodennahe Wetterfronten werden von kraftvollen Luftströmungen (»Jetstreams« oder »Strahlströmen«) vorangetrieben. Sie sind die Grenze zwischen polaren und tropischen Luftmassen in der Troposphäre.

Windbänder

Jetstreams sind rund 480 km lange und 6 km breite Bänder, die in 10 000 Metern Höhe von West nach Ost um den Erdball jagen. Sie kommen in der nördlichen und der südlichen Hemisphäre vor. Manchmal verlaufen sie geradlinig, häufiger jedoch im Zickzackkurs. Vom Nord- und Südpol ziehen Jetstreams schleifenförmig in »Trögen« um den Erdball. Die meisten Tiefdruckfronten entstehen unterhalb eines solchen Trogs entlang einer der Polarfronten.

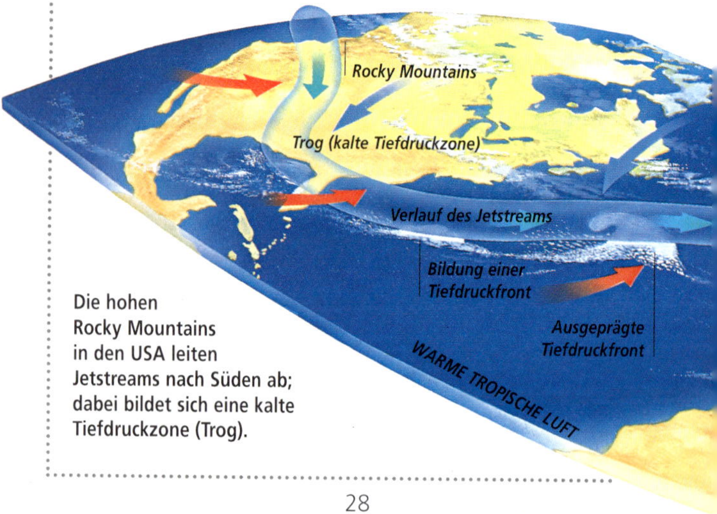

Rocky Mountains

Trog (kalte Tiefdruckzone)

Verlauf des Jetstreams

Bildung einer Tiefdruckfront

Ausgeprägte Tiefdruckfront

WARME TROPISCHE LUFT

Die hohen Rocky Mountains in den USA leiten Jetstreams nach Süden ab; dabei bildet sich eine kalte Tiefdruckzone (Trog).

Schubkraft

Jetstreams gewinnen ihre Antriebs-
kraft aus den Temperaturunter-
schieden zwischen Kalt- und Warmluft an einer Polarfront. Je größer
der Unterschied, desto schneller der
Jetstream. Er kann Geschwindigkeiten von 300-600 km/h erreichen.
Flugzeuge profitieren auf dem Weg
von West nach Ost von der zusätz-
lichen Schubkraft der Jetstreams.

**Flugzeuge fliegen über Nordamerika
nach Osten eine Stunde kürzer als
umgekehrt, wenn gegen den Jetstream angeflogen werden muss.**

Verschlungene Pfade

Wenn der Wetterdienst die Position eines Jetstreams kennt, lässt sich
voraussagen, welchen Regionen das Tief unterhalb des Jetstreams
unbeständiges und stürmisches Wetter bescheren wird. Allerdings
wechseln die Strahlströme täglich ihre Position, und
ihr Verlauf lässt sich nur schwer
bestimmen.

KALTE POLARLUFT

Okklusion

*Buckel
(warme
Hochdruckzone)*

Wind und Ozean

Die Ozeane transportieren warmes Wasser aus den Tropen zu den Polen und tragen damit zu einer gleichmäßigen Erderwärmung bei: Sie sind ein wichtiger Bestandteil der weltweiten »Wettermaschine«.

Oberflächenströmungen

Oberflächenströmungen werden durch globale Winde in Gang gesetzt und bewegen sich daher in gleicher Richtung wie diese. Auf der Nordhalbkugel (im Nordatlantik und im Nordpazifik) bilden sie zwei Kreisläufe im Uhrzeigersinn, auf der Südhalbkugel (im Südatlantik, Südpazifik und im Indischen Ozean) bewegen sich drei Ströme gegen den Uhrzeigersinn. Diese Zirkulationen heißen auch Ströme oder Drifte.

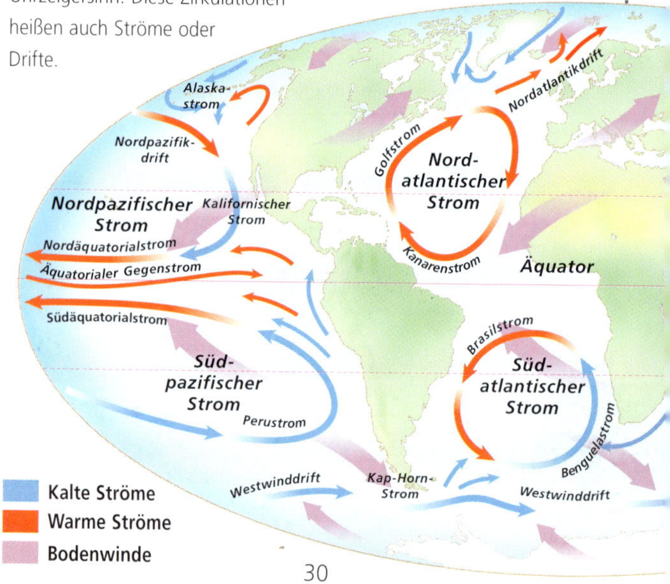

Alaska-strom

Nordatlantikdrift

Nordpazifik-drift

Golfstrom

Nord-atlantischer Strom

Nordpazifischer Strom

Kalifornischer Strom

Nordäquatorialstrom

Äquatorialer Gegenstrom

Kanarenstrom

Äquator

Südäquatorialstrom

Brasilstrom

Süd-pazifischer Strom

Süd-atlantischer Strom

Perustrom

Benguelastrom

Westwinddrift

Kap-Horn-Strom

Westwinddrift

	Kalte Ströme
	Warme Ströme
	Bodenwinde

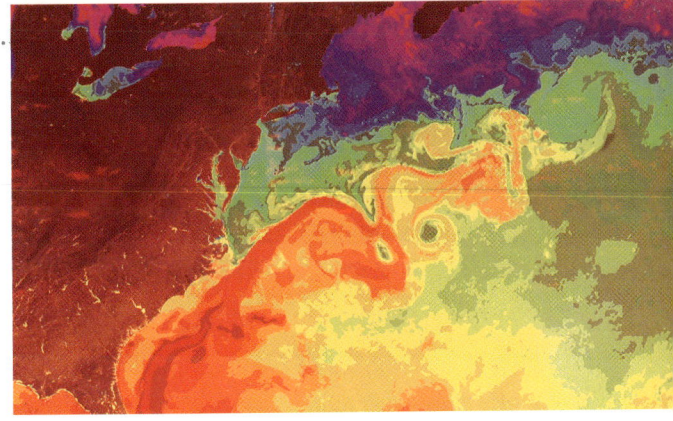

Das Satellitenbild zeigt die Temperatur der Meeresoberfläche entlang der Küste Nordamerikas. Der Golfstrom erscheint hier rot.

Der Golfstrom

Die »Golfstrom« genannte Ozeanströmung transportiert warmes Wasser vom Golf von Mexiko an der Küste Floridas entlang. Als »Nordatlantikdrift« überquert sie den Nordatlantik und erwärmt noch die Küsten von Großbritannien, Norwegen und Island.

Kuro-
shio

**Nord-
pazifischer
Strom**

Nord-
äquatorial-
strom

Monsundrift

Äquatorialer
Gegenstrom

Nord-
äquatorialer
Strom

**Süd-
indischer
Strom**

Ostaustralischer
Strom

Südäquatorialer Strom

Westaustralischer Strom

Westwinddrift

Bodenströmungen

Auch in den großen Tiefen der Weltmeere fließen Ströme von den kalten Polen zum wärmeren Äquator. Diese Bodenströmungen bewegen sich sehr viel langsamer als Oberflächenströmungen. Einige Bodenströmungen gelangen erst nach Jahrtausenden an die Oberfläche.

Wetter und Klima

Als Klima bezeichnet man ein Wettermuster, das in einem bestimmten Gebiet über einen längeren Zeitraum hinweg herrscht. Es kann das Jahr über stet oder unstet sein.

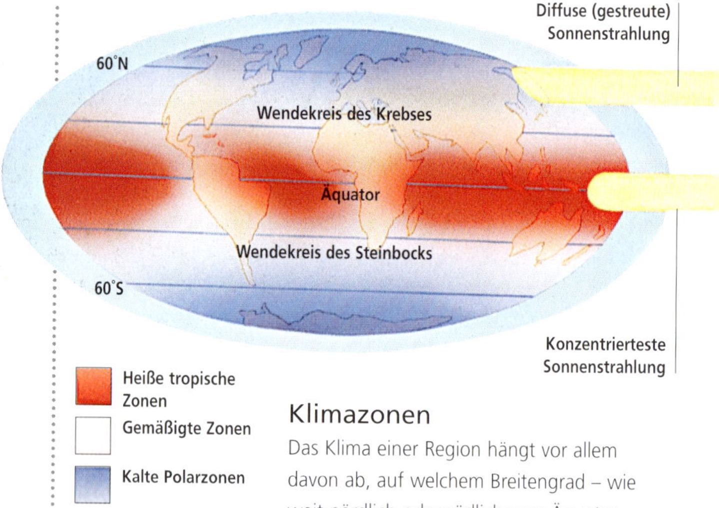

Diffuse (gestreute) Sonnenstrahlung

60°N

Wendekreis des Krebses

Äquator

Wendekreis des Steinbocks

60°S

Konzentrierteste Sonnenstrahlung

- Heiße tropische Zonen
- Gemäßigte Zonen
- Kalte Polarzonen

Klimazonen

Das Klima einer Region hängt vor allem davon ab, auf welchem Breitengrad – wie weit nördlich oder südlich vom Äquator – sie liegt. Die Erde besitzt drei große Klimazonen: kalte Polarzonen in der Nachbarschaft der Pole, heiße tropische Zonen nahe dem Äquator sowie warme, gemäßigte Zonen zwischen Polen und Tropen. Das Weltklima lässt sich noch weiter unterteilen (siehe S. 34). Ein weiterer Klimafaktor ist die Höhe (einer Region über dem Meeresspiegel). Meist gilt: je höher die Lage, desto kühler die Temperaturen. Vorbeifließende, warme oder kalte Meeresströmungen nehmen Einfluss auf das Klima von Küstenregionen.

Wüstenklima

In Wüstenregionen gibt es keine Pflanzen, die Sonnenstrahlen reflektieren. Daher wird die Hitze größtenteils vom Boden absorbiert – und die Wüste extrem heiß. Nachts gibt der Boden die Wärme rasch wieder ab: Dann ist der Wüste bitterkalt.

In der Wüste herrscht immer das gleiche Klima.

Stadtklima

In der Stadt absorbieren Straßen und Gebäude viel Sonnenwärme. Außerdem geben Privathäuser, Fabriken und Fahrzeuge Wärme ab. Dadurch erwärmen Städte sich weit stärker als ihr Umland. Die über Städten aufsteigende Warmluft verursacht eine stärkere Bewölkung und, daraus folgend, vermehrte Niederschläge.

Städte können bis zu 10°C wärmer sein als ihr Umland.

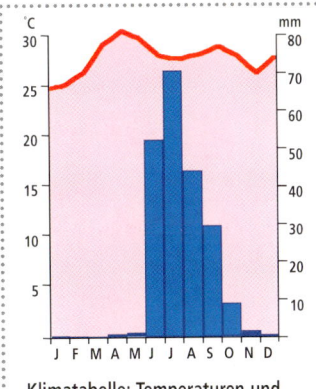

Klimatabelle: Temperaturen und Niederschläge in Indien/Bombay.

Klimatabellen

Das Klima eines Ortes wird meist über seine Temperatur und Niederschlagsmenge definiert. Klimatologen (Klimaforscher) fassen das Klima einer Region oder Stadt häufig mit einer Klimatabelle zusammen. Sie zeigt in Kombination die durchschnittliche monatliche Niederschlagsmenge (in einer Tabelle) und die monatlichen Durchschnittstemperaturen (in einer grafischen Kurve).

Klimazonen

Die unterschiedlichen Klimabedingungen beeinflussen die in der jeweiligen Region lebenden Pflanzen und Tiere. Außerdem gestalten sie das äußere Bild der Erde mit.

Weltklimate

Selbst weit voneinander entfernt liegende Regionen auf der ganzen Welt können derselben Klimazone angehören. Unter Klimatologen herrscht eine gewisse Uneinigkeit über die Anzahl und Charakterisierung von Klimazonen. Die hier genannten neun Zonen gelten jedoch als allgemein anerkannt. Manche sind nach der für sie typischen Vegetation benannt. Das Pflanzenleben (und die davon abhängige Tierwelt) hat sich über einen langen Zeitraum hinweg einem bestimmten Klima angepasst. Im Lauf der Zeit können Klimazonen Veränderungen erfahren. Vor Jahrmillionen lag ein Großteil der Landmasse unserer Erde unter Eis.

Mediterran
Milde Winter, warme Sommer

Tropischer Regenwald
Ganzjährig heiß und feucht

Tropische Savanne
Ganzjährig heiß, Wechsel von Trocken- und Regenzeiten

Kontinentalklima

Im Landesinneren großer Landmassen wie Nordamerika und Asien herrschen extremere Klimabedingungen als in Küstenregionen. Kanada oder Sibirien beispielsweise erleben heiße Sommer – und bitterkalte Winter, meist mit viel Schnee und Eis.

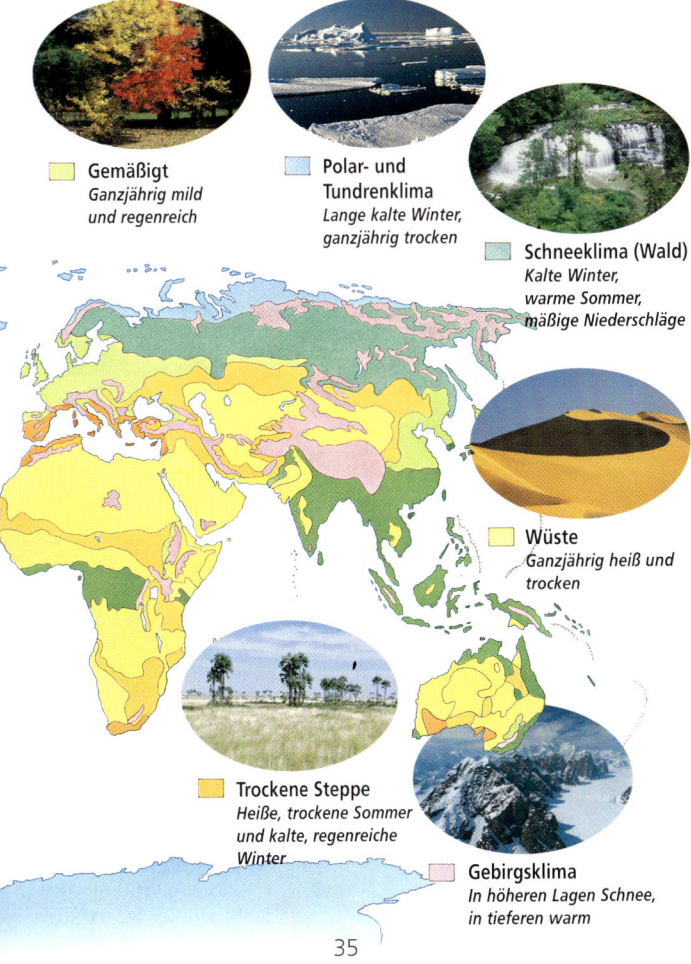

Gemäßigt
Ganzjährig mild und regenreich

Polar- und Tundrenklima
Lange kalte Winter, ganzjährig trocken

Schneeklima (Wald)
Kalte Winter, warme Sommer, mäßige Niederschläge

Wüste
Ganzjährig heiß und trocken

Trockene Steppe
Heiße, trockene Sommer und kalte, regenreiche Winter

Gebirgsklima
In höheren Lagen Schnee, in tieferen warm

Wetter und Jahreszeiten

Je nach Jahreszeit treten bestimmte Phänomene auf. In manchen Regionen gibt es vier Jahreszeiten – Frühling, Sommer, Herbst und Winter, in anderen herrscht ganzjährig das gleiche Wetter.

Sommer und Winter

Zum Verständnis der Jahreszeiten muss man wissen, wie die Erde sich im Weltall bewegt. Sie umkreist im Verlauf eines Jahres ein Mal die Sonne. Gleichzeitig dreht sie sich um die eigene Achse (eine gedachte Linie von Pol zu Pol). In ihrer Drehung ist die Erde um etwa 23,5 Grad geneigt. Diese Schräglage der Erde beim Kurs um die Sonne bringt die Jahreszeiten hervor. Neigt sich der Nordpol der Sonne zu, bekommt die nördliche Halbkugel mehr Licht und Wärme, und es ist Sommer. Ist der Südpol der Sonne zugewandt, beginnt auf der Südhalbkugel der Sommer.

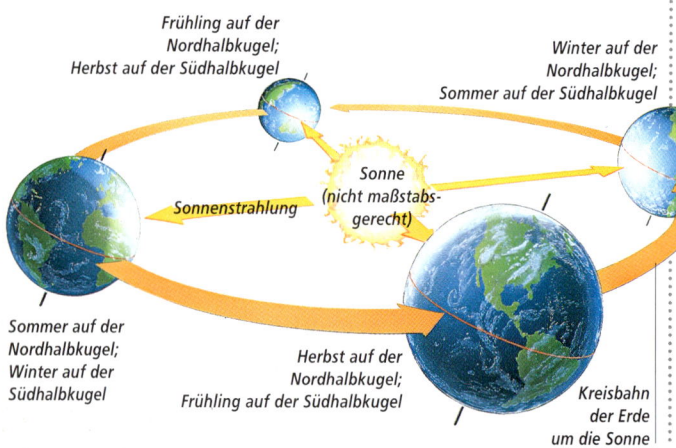

Frühling auf der Nordhalbkugel; Herbst auf der Südhalbkugel

Winter auf der Nordhalbkugel; Sommer auf der Südhalbkugel

Sonne (nicht maßstabsgerecht)

Sonnenstrahlung

Sommer auf der Nordhalbkugel; Winter auf der Südhalbkugel

Herbst auf der Nordhalbkugel; Frühling auf der Südhalbkugel

Kreisbahn der Erde um die Sonne

In gemäßigten Klimaten sprießen im Spätfrühling und Frühsommer frische grüne Blätter an Bäumen und anderen Pflanzen.

Im Herbst verfärben sich die Blätter rostrot, goldgelb oder orange und fallen bei Winteranbruch schließlich von den Bäumen.

Wechsel der Jahreszeiten

Grundsätzlich gilt: Je weiter nördlich oder südlich des Äquators eine Region liegt, desto ausgeprägter sind ihre Jahreszeiten. Ihr Wechsel nimmt großen Einfluss auf das Leben der Pflanzen und Tiere. Einige Tiere verschlafen die langen, kalten Wintermonate. Andere wandern alljährlich im Herbst in wärmere Regionen mit reichlichem Nahrungsangebot und kehren im folgenden Frühjahr zurück.

Tropische Klimate

Die äquatornahen Regionen mit tropischem Klima werden das ganze Jahr gleichmäßig von der Sonne bestrahlt und kennen daher weder Sommer noch Winter: Der Regen fällt ganzjährig. Weiter nördlich oder südlich des Äquators aber gibt es ausgeprägte Regenzeiten mit stärkeren Niederschlägen.

Im Regenwald ist es heiß und feucht.

Wetter-extreme

Unwetter bringen oft Tod und Zerstörung mit sich. Der Hurrikan »Andrew« fegte im August 1992 über Florida hinweg: Er entwurzelte Bäume, machte Häuser dem Erdboden gleich und begrub sie unter Flutwellen.

Gewitter

Ein Gewitter bringt nicht nur Donner, Blitz und Regengüsse mit sich, sondern zuweilen auch Überschwemmungen, schweren Hagel oder gar Tornados.

Wie bildet sich ein Gewitter?

Ein Gewitter bildet sich in einer kleinen Cumulus-Wolke, wenn warme, feuchte Luft sich am Boden erwärmt und rasch aufsteigt, wobei ein Aufwind entsteht (1). Auf- und Abwinde verwirbeln Wassertröpfchen und Eiskristalle, die sich dabei elektrisch aufladen. Die Spannung in der Wolke steigt weiter an und entlädt sich schließlich in einem gewaltigen Blitz (2). Das Gewitter verzieht sich erst, wenn der Aufwind erstirbt (3).

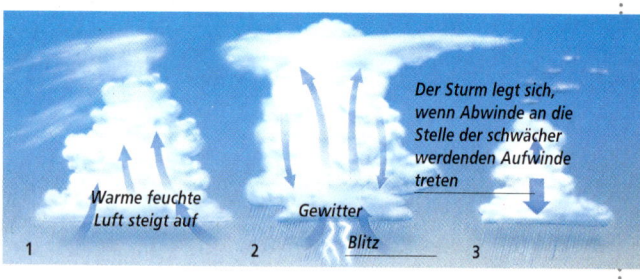

Der Sturm legt sich, wenn Abwinde an die Stelle der schwächer werdenden Aufwinde treten

Warme feuchte Luft steigt auf

Gewitter

Blitz

1   2   3

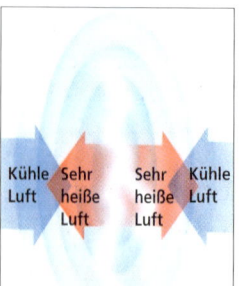

Kühle Luft | Sehr heiße Luft | Sehr heiße Luft | Kühle Luft

Was ist ein Donner?

Donner ist zu hören, wenn bei der Entladung eines Blitzes die Luft im Bruchteil einer Sekunde auf ca. 30 000°C erhitzt wird, sich dabei unvermittelt ausdehnt und Schockwellen erzeugt. Diese Schockwellen, die verzögert der Bahn des Blitzes folgen, hören wir als Donner.

40

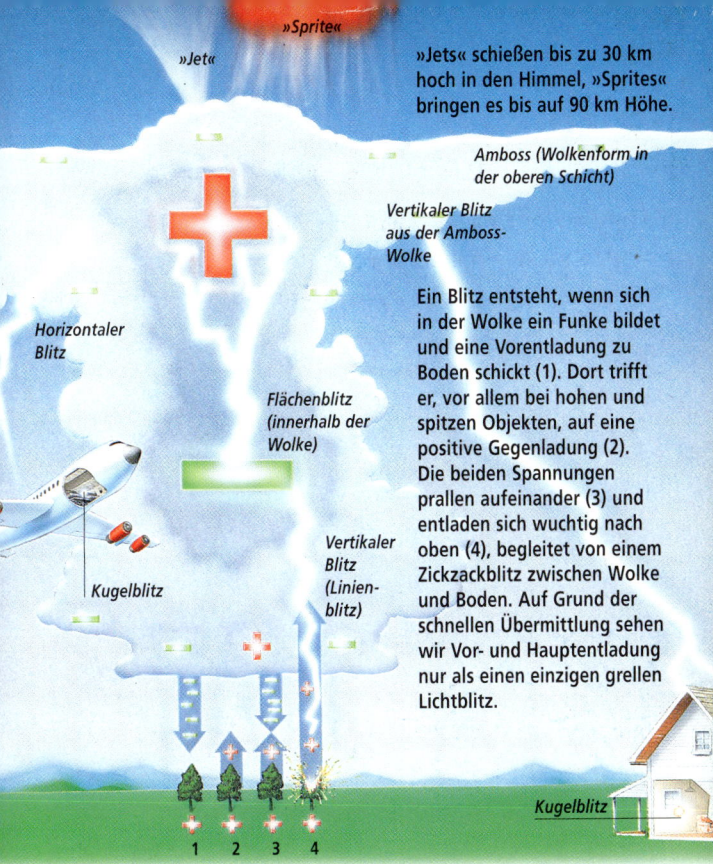

»Sprite«

»Jet«

»Jets« schießen bis zu 30 km hoch in den Himmel, »Sprites« bringen es bis auf 90 km Höhe.

Amboss (Wolkenform in der oberen Schicht)

Vertikaler Blitz aus der Amboss-Wolke

Horizontaler Blitz

Flächenblitz (innerhalb der Wolke)

Ein Blitz entsteht, wenn sich in der Wolke ein Funke bildet und eine Vorentladung zu Boden schickt (1). Dort trifft er, vor allem bei hohen und spitzen Objekten, auf eine positive Gegenladung (2). Die beiden Spannungen prallen aufeinander (3) und entladen sich wuchtig nach oben (4), begleitet von einem Zickzackblitz zwischen Wolke und Boden. Auf Grund der schnellen Übermittlung sehen wir Vor- und Hauptentladung nur als einen einzigen grellen Lichtblitz.

Vertikaler Blitz (Linienblitz)

Kugelblitz

Kugelblitz

1 2 3 4

Blitztypen

Blitze gehen gegabelt zu Boden oder zwischen Wolken hin und her; mitunter »verpuffen« sie auch im Luftraum. Flächenblitze bilden sich innerhalb der Wolke und hellen sie unvermittelt auf. Kugelblitze sind selten, können aber plötzlich im Zimmer auftauchen und binnen Sekunden durch ein offenes Fenster wieder entweichen. Hoch über den Gewitterwolken zeigen sich am Himmel mitunter Lichterscheinungen – schlanke blaue »Jets« oder funkelnde »Sprites«.

Blitze

In diesem Moment toben rings um den Erdball knapp 1 800 Gewitter und erzeugen bis zu 100 Blitze pro Minute. Allein in den USA kommen jährlich rund 100 Menschen durch Blitzschlag ums Leben.

Vom Blitz zum Donnergrollen

Das Aufflammen eines Blitzes ist unmittelbar zu sehen; der Donner hingegen pflanzt sich mit der langsameren Schallgeschwindigkeit von 340 Metern pro Sekunde fort. Um auszurechnen, wie weit man vom Zentrum eines Gewitters entfernt ist, zählt man die Sekunden zwischen der Wahrnehmung von Blitz und Donner und teilt die Summe durch 3 (der Schall legt in drei Sekunden etwa einen Kilometer zurück). Durch mehrmaliges Zählen kann man herausfinden, ob sich das Gewitter nähert.

Ein Blitz bewegt sich bei seiner Entstehung mit etwa 140 000 km/s fort – also etwa mit halber Lichtgeschwindigkeit.

Blitzschäden

Blitze suchen sich stets den bequemsten Weg nach unten – meist über einzelne, herausragende Objekte wie Bäume oder Gebäude. Hohe Gebäude sind durch Blitzableiter gesichert (dünne Kupferstreifen, die eine Metallspitze auf dem Dach mit einer Metallscheibe am Boden verbinden), um den Blitz einfach und schadlos in die Erde abzuleiten. Blitzeinschläge können Bäume schädigen oder Waldbrände verursachen.

Vom Blitz zerstörter Baum.

Sicherheitstipps

Was tun, wenn man plötzlich im Gewitter steht? NICHT Schutz unter Bäumen suchen oder sich auf offenen Flächen, Hügelkuppen oder an Stränden aufhalten. KEINE Golfschläger, Schirme oder Angeln in Händen halten – sie ziehen Blitze an. MÖGLICHST in Innenräume flüchten (nicht nahe Waschbecken aus Stahl, Heizstrahlern und Aluminium-Fensterrahmen!) oder in Autos mit festem Dach.

Ist kein Unterschlupf zu finden, kauer dich auf den Boden und lege die Hände auf die Knie.

Gewitterböen und Eisregen

Gewitterböen sind örtlich begrenzte, heftige Winde, die mit ungeheurer Wucht aus einer Gewitterwolke nach unten austreten. Starke Aufwinde erzeugen Eisregen oder Hagel.

Flugmanöver im Sturm

Flugzeuge vermeiden tunlichst, Gewitter zu durchfliegen. In Cumulonimbus-Wolken können rasch wechselnde Windrichtungen und -geschwindigkeiten (auch Schubkraft genannt) für einen unruhigen Flug sorgen oder das Flugzeug beschädigen. Bei starken Gewitterböen kann ein Flugzeug sogar abstürzen. Zur Bewältigung solcher Probleme werden Piloten im realitätsnahen Simulator geschult, um im Ernstfall der heftigen Abwinde bei einem Gewitter Herr zu werden. Jene Winde erreichen Geschwindigkeiten bis zu 270 km/h.

Piloten behalten vor allem kleinere Gewitterböen im Auge, da sie schwerer auszumachen und zu umfliegen sind als größere Abwinde. Bei einer kleinen Gewitterbö wird das Flugzeug vom Aufwind emporgetragen – und im nächsten Augenblick von Abwinden erfasst. Dem Piloten bleiben nur Sekunden für die notwendigen Maßnahmen, um einen Absturz zu vermeiden.

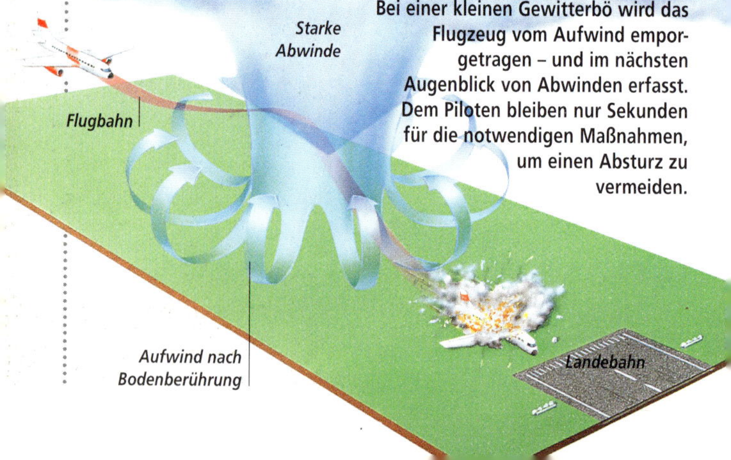

Starke Abwinde

Flugbahn

Aufwind nach Bodenberührung

Landebahn

Eisregen

Kräftige Aufwinde in Gewitterwolken können weitere gefährliche Folgen haben: Eisregen oder Hagel. Je heftiger der Aufwind, desto größer die Hagelkörner. Im Durchschnitt messen sie 5-50 mm, sollen aber auch schon so groß wie Pampelmusen gewesen sein.

Von den Winden in einer Cumulonimbus-Wolke durcheinander gewirbelt, vereisen die Hagelkörner zunehmend und gewinnen an Umfang. Sie sind meist rund, mitunter auch klumpig und spitz.

Schwerste Schäden

Hagel beschert der Landwirtschaft Jahr um Jahr Schäden in Millionenhöhe. In den besonders betroffenen »Great Plains« (Großen Ebenen) des nordamerikanischen Mittelwestens bezeichnen die Farmer ihn als »weiße Plage«. Hagelkörner durchschlagen Fenster und Straßenlaternen, zerbeulen Autos und Flugzeuge, beschädigen Dächer und verletzen Menschen. In China, Bangladesh und Indien sterben jährlich hunderte von Menschen bei schweren Hagelschlägen.

Vom Hagel zerstörte Maisstauden.

Tornados

Ein Tornado ist eine mächtige, trichterförmige Luftsäule, die mit einer Geschwindigkeit bis zu 450 km/h
um sich selbst rotiert. Er bildet sich bei Unwetter und
hinterlässt eine Schneise verheerender Zerstörung.

Die spiralförmigen Winde
im Zentrum einer Gewitterwolke rotieren schneller
als die äußeren – so wie
Eisläufer sich schneller
drehen, wenn sie die
Arme verschränken.
Diese zentrale Luft-
säule arbeitet sich
bis zum Boden vor
und erscheint als
trichterförmige Wolke.

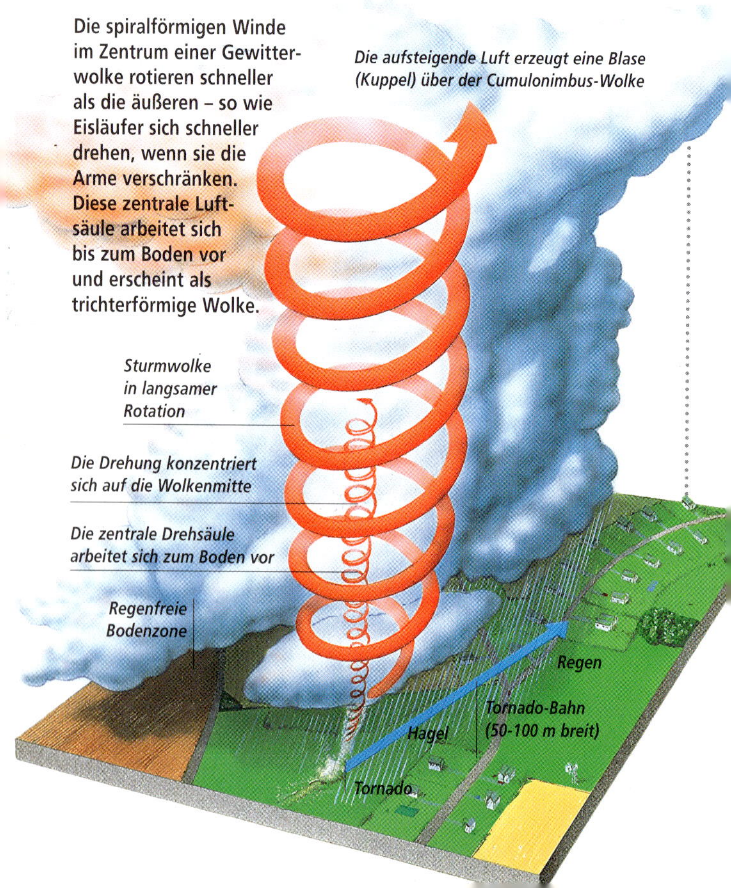

*Die aufsteigende Luft erzeugt eine Blase
(Kuppel) über der Cumulonimbus-Wolke*

*Sturmwolke
in langsamer
Rotation*

*Die Drehung konzentriert
sich auf die Wolkenmitte*

*Die zentrale Drehsäule
arbeitet sich zum Boden vor*

*Regenfreie
Bodenzone*

Regen

Tornado-Bahn
(50-100 m breit)

Hagel

Tornado

Die meisten Tornados rasen mit rund 160 km/h dahin – eine Geschwindigkeit, bei der nichts und niemand vor Schäden bewahrt bleibt.

Wirbelstürme und Windhosen

Wirbelstürme werden manchmal mit Windhosen verwechselt: kleineren Luftwirbeln, die sich an heißen, sonnigen Tagen über Wüsten oder freien, umgepflügten Feldern bilden. Anders als Tornados entstehen Windhosen nicht aus Sturmwolken und richten meist keinen großen Schaden an.

Wasserhosen

Wasserhosen bilden sich über dem Meer; sie sind für gewöhnlich sehr viel schwächer als Tornados, können aber Gegenstände aus dem Meer oder vom Strand aufsaugen und über weite Strecken landeinwärts wehen.

Sturmwolke mit starkem Drehmoment im Zentrum

Seitlich der Wasserhose zu Boden fallende Gegenstände

Bahn einer Wasserhose (die über Land zum Tornado wird)

Vom Meer oder Strand werden Gegenstände aufgesogen

Regen

Meer

Land

Wasserhose

Wie bildet sich ein Tornado?

Im oberen Bereich einer Gewitterwolke wird eine aufsteigende Luftströmung von Winden in Kreisbewegungen versetzt. Am Boden der sich drehenden Luftsäule wird die Luft eingesaugt und dreht sich zur Mitte hin schneller. Der Aufwind gewinnt an Stärke und die Luftsäule reicht schließlich von der Wolke bis zum Boden.

Tornado-schäden

Nur jedes tausendste Gewitter wird zu einem Tornado, und wenige Tornados dauern länger als 15 Minuten. Schwere Schäden entstehen meist dann, wenn mehrere Tornados unmittelbar aufeinander folgen.

Die Tornadobahn

Die Bahn eines Tornados ist meist recht schmal – manchmal beträgt ihre Breite nur 50 Meter. Schäden treten nur dort auf, wo der Tornado Bodenkontakt hat. Gebäude und Fahrzeuge außerhalb dieser Schneise bleiben unversehrt oder werden von herabfallenden Teilen allenfalls leicht beschädigt. Gebäude in der Bahn des Tornados hingegen können komplett zerstört werden. Der kreiselnde Lufttrichter wirbelt ähnlich einem Staubsauger über den Boden und saugt auf seinem Weg alles auf. Leichtere Gegenstände und Trümmer werden im Trichter nach oben getragen und in einiger Entfernung wieder »ausgespuckt«. Massivere Gegenstände können schwere Schäden davontragen.

Mächtige Tornados decken Häuser ab, zertrümmern Schuppen und Wohn-wagen und stürzen Autos und Laster um. Manche Gebäude, die direkt in ihrer Bahn liegen, werden dem Erdboden gleichgemacht.

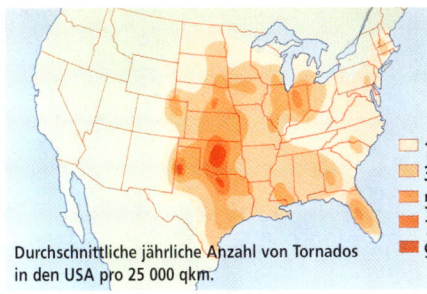

Durchschnittliche jährliche Anzahl von Tornados in den USA pro 25 000 qkm.

☐	1
☐	3
■	5
■	7
■	9

In den USA treten rund 1 000 Tornados pro Jahr auf, die meisten in den Großen Ebenen des Mittelwestens.

Tornado-Schneise

Tornados sind weltweit, am häufigsten jedoch im Mittelwesten der USA verbreitet. Dort gibt es eine regelrechte Tornado-Schneise (»Tornado Alley«), in der durchschnittlich 200 Menschen pro Jahr infolge von Tornados sterben.

Kaum zu glauben

Die Wucht eines Tornados bringt seltsamste Phänomene hervor: Hühnern werden die Federn ausgerissen, Bäume werden entrindet, Frösche und Fische aus Teichen gesogen und über mehrere Kilometer mitgerissen. 1981 wurde aus Italien berichtet, ein Baby sei aus seinem Kinderwagen 15 Meter hoch in die Luft getragen und 90 Meter weiter unversehrt wieder abgesetzt worden – ohne aufzuwachen!

Tornado-Warnung

Steht ein Tornado unmittelbar bevor, werden in den betroffenen Gebieten der USA Überwachungssysteme eingesetzt. Nach Überprüfung wird eine Tornado-Warnung ausgegeben; mittels Sirenen wird die Bevölkerung aufgefordert, sich in Sicherheit zu begeben.

Das tragbare Tornado-Observatorium TOTO sammelt Informationen im Inneren eines Tornados.

Hurrikane

Die schwersten und stärksten Stürme heißen über dem Atlantik »Hurrikan«, über Indien und Australien »Tropischer Zyklon« und über dem Westpazifik »Taifun«.

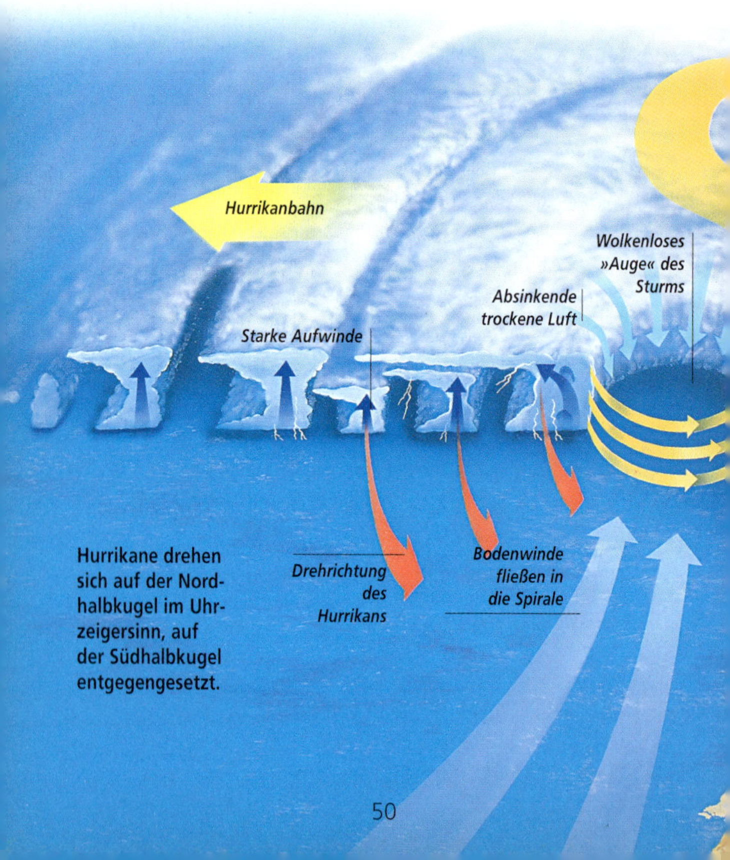

Hurrikanbahn

Wolkenloses »Auge« des Sturms

Absinkende trockene Luft

Starke Aufwinde

Hurrikane drehen sich auf der Nordhalbkugel im Uhrzeigersinn, auf der Südhalbkugel entgegengesetzt.

Drehrichtung des Hurrikans

Bodenwinde fließen in die Spirale

Flutwelle

Drehrichtung des Hurrikans

Unterdruck im »Auge«

Hoher Wasserspiegel unter dem »Auge«

Bei Flut können die Sturmwellen drei bis sechs Meter hoch werden und immensen Schaden an der Küstenbebauung anrichten.

Flutwellen

Orkanartige Winde können den Meeresspiegel unter dem »Auge« des Sturms um rund einen Meter anheben; das Wasser türmt sich zu einer Flutwelle auf. Diese wird von einem Hurrikan an Land getrieben, wo sie mit zerstörerischer Gewalt Boote aus ihren Vertäuungen reißen und schwere Schäden an Gebäuden anrichten kann.

Wie ein Hurrikan entsteht

Höhenwinde strömen aus der Spirale

Hurrikane bilden sich über warmen tropischen Meeren, wenn Winde aus entgegengesetzten Richtungen aufeinander treffen und über einem Tiefdruckgebiet spiralig emporwirbeln. Vom Meer aufgesogener Wasserdampf steigt auf, erwärmt sich und bildet Wolken. Je wärmer die Luft wird, desto schneller steigt sie empor. Dieser Aufwind saugt von unten immer mehr Luft an und dreht sich immer schneller. Bei schweren Stürmen werden Windgeschwindigkeiten von bis zu 320 km/h erreicht; im Zentrum des Sturms jedoch (dem sogenannten »Auge«) herrscht praktisch Windstille. Hurrikane lösen sich nur über Land auf (wo kein Wasserdampf dem Sturm neue Nahrung liefert), richten über Land aber auch gerade den größten Schaden an.

Gewitterspirale

Passatwinde werden vom Sturm angezogen

Spiralige Regenbänder

Hurrikan-Überwachung

Wegen ihrer Gefährlichkeit werden alle Hurrikane per Satellit und vom Boden aus verfolgt. So lässt sich herausfinden, ob sie stärker oder schwächer werden und wohin sie sich wenden.

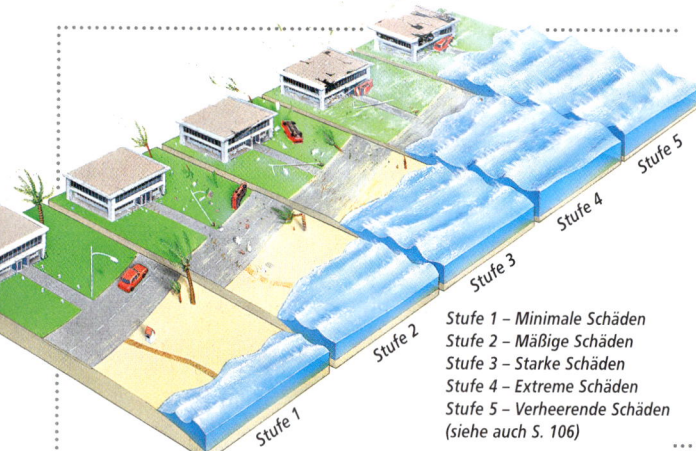

Stufe 5

Stufe 4

Stufe 3

Stufe 2

Stufe 1

Stufe 1 – Minimale Schäden
Stufe 2 – Mäßige Schäden
Stufe 3 – Starke Schäden
Stufe 4 – Extreme Schäden
Stufe 5 – Verheerende Schäden
(siehe auch S. 106)

Einstufung

Jeder Hurrikan wird entsprechend dem Grad seiner Zerstörungskraft eingestuft. Dies erleichtert Bewohnern von Gefahrengebieten die Entscheidung, ihre Häuser lediglich zu vernageln oder aber bis zur Entwarnung ganz zu verlassen. Hurrikane der Stufe 4 und 5 sind die stärksten und gefürchtetsten Stürme. Hurrikan »Andrew«, der im August 1992 über die US-Staaten Florida und Louisiana hinwegfegte, gehörte zur Stufe 4. Die Orkanböen verwüsteten über 125 000 Häuser; 61 Menschen starben.

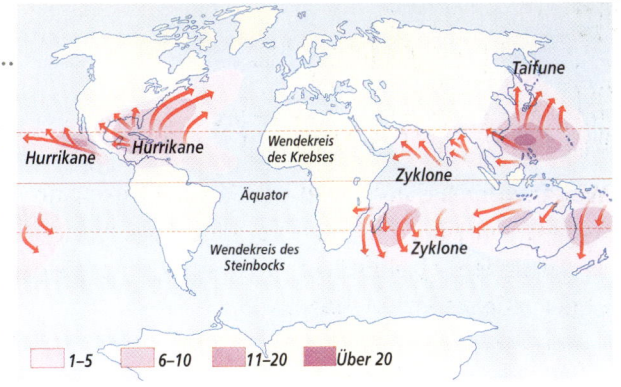

| 1–5 | 6–10 | 11–20 | Über 20 |

Die Karte zeigt die durchschnittliche Anzahl tropischer Stürme im Verlauf von 20 Jahren. Typische Sturmverläufe sind rot markiert.

Namen von Hurrikanen

Hurrikane haben Namen, damit man weiß, welcher Sturm in den Nachrichten oder Warnmeldungen gemeint ist. Der erste Hurrikan des Jahres erhält einen Namen mit dem Anfangsbuchstaben A, der zweite mit B usw. Die meisten Namen tauchen nach sechs Jahren erneut auf; nur die für besonders schwere Hurrikane werden für zehn Jahre auf Eis gelegt – wie »Hugo«, der 1989 auf seinem Weg von Puerto Rico in der Karibik bis zum US-Staat Carolina 82 Menschenleben forderte.

Beobachten und warnen

Auf einem 480 km langen Küstenabschnitt der USA werden 36 Stunden vom Land entfernte Hurrikane automatisch überwacht. Die betroffenen Bewohner achten auf Hurrikan-Warnungen und mögliche Aufrufe zu Evakuierungen. Wegen der nötigen Vorbereitungszeit müssen die Warnungen einen Tag im Voraus erfolgen.

Hurrikan »Mitch« (1998, Honduras).

Monsune

Monsune heißen die Winde, die den Tropen im Sommer heftige Regengüsse und Überschwemmungen bescheren – vor allem in Indien (siehe Tabelle auf S. 33) und Südostasien.

Monsunzeit

Das Wort »Monsun« ist vom arabischen *mausim* (»Jahreszeit«) abgeleitet. Ursprünglich bezeichneten arabische Seeleute damit die periodischen Winde über dem Arabischen Meer. Der Monsun tritt in Teilen von Asien, Australien und Afrika auf. In Asien, dem größten Kontinent, ist der Monsun am stärksten ausgeprägt und betrifft die größte Anzahl von Menschen.

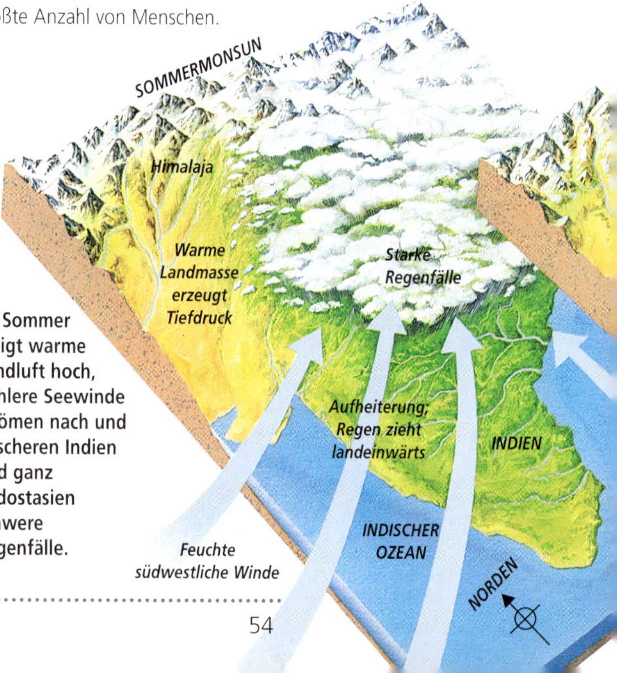

SOMMERMONSUN

Himalaja

Warme Landmasse erzeugt Tiefdruck

Starke Regenfälle

Im Sommer steigt warme Landluft hoch, kühlere Seewinde strömen nach und bescheren Indien und ganz Südostasien schwere Regenfälle.

Aufheiterung; Regen zieht landeinwärts

INDIEN

Feuchte südwestliche Winde

INDISCHER OZEAN

NORDEN

Regen bringt Leben

Der alljährliche Monsun bringt trockenen, heißen Regionen mit verbrannten Böden und versiegten Brunnen den heiß ersehnten Regen. Die vielen Menschen begrüßen den lebensspendenden Monsun freudig, doch mitunter wächst der Regen sich zur Sintflut aus: Die Kornernte fällt ihm ebenso zum Opfer wie ganze Häuser.

Monsunregen in Nepal.

Im Winter wird es in Indien und dem übrigen Südostasien kühler. Trockene, frostige Winde wehen vom asiatischen Kontinent weg. Sie entziehen dem Meer (das nun wärmer ist als das Land) Wärme und Feuchtigkeit und bescheren dem Nordteil Australiens Niederschläge.

Himalaja

Kalte Landmassen erzeugen ein Hochdruckgebiet

Kein Regen

INDISCHER OZEAN

Trockene nordöstliche Winde

INDIEN

INDISCHER OZEAN

WINTERMONSUN

Feuchte südwestliche Winde

El Niño

Mit diesem Namen werden die dramatischen Wetter-veränderungen bezeichnet, die alle paar Jahre auf-treten, wenn sich warmes Oberflächenwasser und feuchtes Klima vom West- zum Ostpazifik verschieben und die periodischen Passatwinde umkehren.

Dürre und Überschwemmung

El Niño (spanisch: »der Junge«) beeinflusst Niederschläge, Temperaturen und die Bahnen tropischer Stürme rund um den Erdball. In seiner Folge leiden Australien, Borneo und Indonesien (die westlichen Pazifik-Anrai-ner) unter Dürre; Indien und China erleben einen schwächeren Monsun. In den südamerikanischen Staaten Peru und Ecuador sowie im US-Bundesstaat Kalifornien aber fällt sintflutartiger Regen.

Die im Januar 1998 durch El Niño ausgelösten heftigen Regenfälle führten in Peru zu schweren Überflutungen.

Das Wetter steht Kopf

Kalte Oberflächenströmungen und trockenes Klima bezeichnet man in der östlichen Pazifikregion als La Niña (spanisch: »das Mädchen«). Bei diesen Bedingungen kühlt das von Bodenströmungen aufsteigende kalte Wasser die darüber liegende Luft ab und erzeugt Dürre. Im (warmen) Westpazifik hingegen herrscht zur gleichen Zeit feuchtes Klima. Mit der Aufheizung der Wasseroberfläche beschert El Niño dem Ostpazifik feuchtes Klima, dem Westpazifik schwere Regenfälle und Australien extreme Dürre.

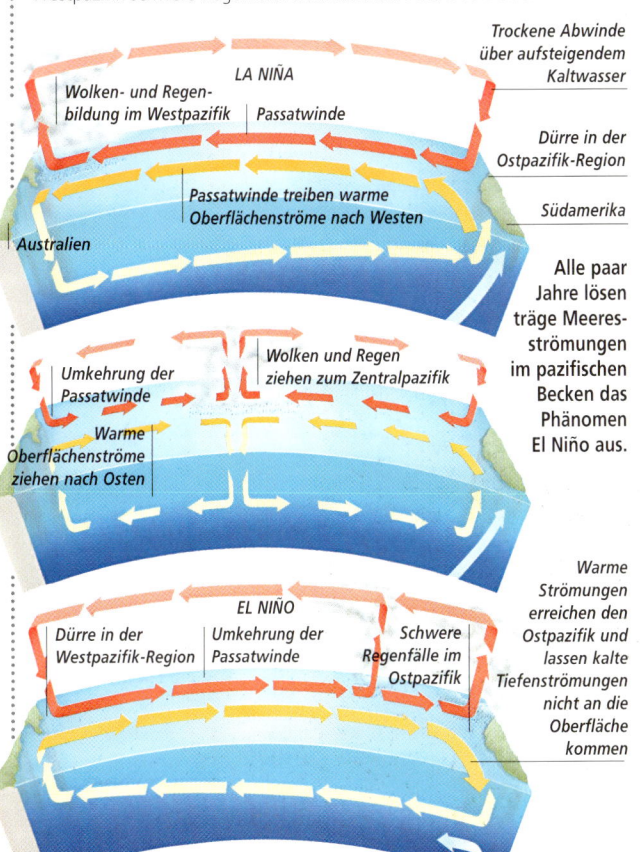

Trockene Abwinde über aufsteigendem Kaltwasser

LA NIÑA

Wolken- und Regenbildung im Westpazifik | Passatwinde

Dürre in der Ostpazifik-Region

Passatwinde treiben warme Oberflächenströme nach Westen

Südamerika

Australien

Alle paar Jahre lösen träge Meeresströmungen im pazifischen Becken das Phänomen El Niño aus.

Umkehrung der Passatwinde

Wolken und Regen ziehen zum Zentralpazifik

Warme Oberflächenströme ziehen nach Osten

Warme Strömungen erreichen den Ostpazifik und lassen kalte Tiefenströmungen nicht an die Oberfläche kommen

EL NIÑO

Dürre in der Westpazifik-Region | Umkehrung der Passatwinde

Schwere Regenfälle im Ostpazifik

Flutwellen

Flutwellen entstehen durch kurzzeitige, wolken-bruchartige Regenfälle im Gebirge. Sie rauschen von den Berghängen als massive Wasserwand zu Tal.

Bei einem heftigen Regenguss kann das Wasser nicht schnell genug im Boden versickern. Die Flüsse schwellen an und brechen schließlich als reißende Gewässer zu Tal – unter Mitnahme von Steinen, Findlingen und entwurzelten Bäumen.

Gewitter mit heftigen Regenfällen

Wenig bis kein Regen versickert in den steilen Talhängen

Von Winden zu den Bergen aufgetriebene feuchte Luft

Hinter einer Brücke sammelt sich Treibgut und bildet eine Barriere

See

Durch das enge Tal rauschen die Wassermassen umso rascher bergab

Nahezu alles Regenwasser strömt in den Bergfluss

Brücke

Talenge

Die Brücke gibt unvermittelt dem Druck von Wasser und Treibgut nach

Hochwasserschutz

Schweres Hochwasser entsteht langsamer als eine Flutwelle. Es ist oft jahreszeitlich bedingt und wird von langen, ausgiebigen Regenfällen oder der Schneeschmelze verursacht. Man kann entsprechende Warnungen meist etliche Stunden oder gar Tage ausgeben, bevor der Fluss über die Ufer tritt und Schaden anrichtet. In gefährdeten Regionen versucht man mit verschiedenen Methoden die Schäden einzugrenzen. So werden Dämme gebaut, die das Hochwasser aufhalten und langsam abfließen lassen. Baumanpflanzungen an Hängen bremsen den Ablauf und lassen mehr Wasser im Boden versickern.

Schutzmaßnahmen gegen Hochwasser.

In ausgebaggerte Flussbetten passt mehr Wasser

Höhere und breitere Brücken verhindern Wasserstaus

An bepflanzten Hängen versickert Wasser im Boden

Dämme zur Regulierung des Wasserpegels

Neu angelegte Kanäle zur Verteilung des Hochwassers

Flutbarrieren zum Schutz gegen Sturmfluten (siehe S. 51)

Erdaufschüttungen als Überschwemmungsschutz

Wand aus Wasser

Flutwellen bilden sich so rasch, dass jede Sekunde zählt. Um rechtzeitig Alarm geben zu können, messen die Meteorologen bei heftigen Gewittern die Niederschlagsmenge per Radar. Wenn eine Flutwelle zu erwarten ist, werden die Bewohner der betroffenen Gebiete per Radio, Fernsehen, Sirene oder über Polizeimegafone gewarnt. 15 bis 20 Minuten Vorwarnzeit reichen aus, um sich an höhergelegenen Punkten vor den reißenden Fluten in Sicherheit zu bringen. Flutwellen betreffen zwar immer nur kleine Gebiete, können aber verheerende Auswirkungen haben und viele Menschenleben fordern.

Die weiße Gefahr

Schnee zaubert wunderschöne Landschaften hervor und bringt viel Spaß beim Wintersport: vom Rodeln und Skifahren bis zur Schneeballschlacht. Wintereinbrüche richten aber auch Schäden an.

Blizzards

Ein Blizzard ist ein überaus heftiger Schneesturm bei eisigen Temperaturen. Die stark eingeschränkte Sicht macht Autofahrten während eines Blizzards ebenso schwierig wie gefährlich. Flugzeuge erhalten Startverbot, der Verkehr kommt zum Erliegen, Stromnetze können zusammenbrechen, Heizung und Licht ausfallen. Kälte und Verkehrsunfälle infolge der Wetterbedingungen fordern auch Menschenleben.

Im Januar 1998 beschädigten schwere Eisstürme die Stromleitungen im kanadischen Quebec: In tausenden von Häusern fiel die Heizung aus.

Lawinen

Vieles kann eine Lawine auslösen: starker Schneefall, leichtes Tauwetter, eine Windbö, selbst die Geräusche oder Erschütterungen, die Skifahrer am Hang verursachen. Bei Lockerschneelawinen fegt der Schnee in einem Schwung talwärts, ähnlich wie aus einem Eimer geschütteter Sand. Bei Schneebrettlawinen geht der Schnee großflächig ab. Hierbei bilden die Schneekristalle eine kompakte, fest zusammengepresste Masse.

Lawinen erreichen Geschwindigkeiten bis zu 320 km/h.

Lawinenschutz

In Gebirgsregionen werden zum Schutz gegen Lawinen Zäune und Mauern errichtet, Erdwälle aufgeschüttet und Bäume angepflanzt, um die Schneemassen aufzuhalten. Die Zäune bilden häufig ein Dreieck, um Lawinen seitlich an einem Gebäude vorbeizuleiten.

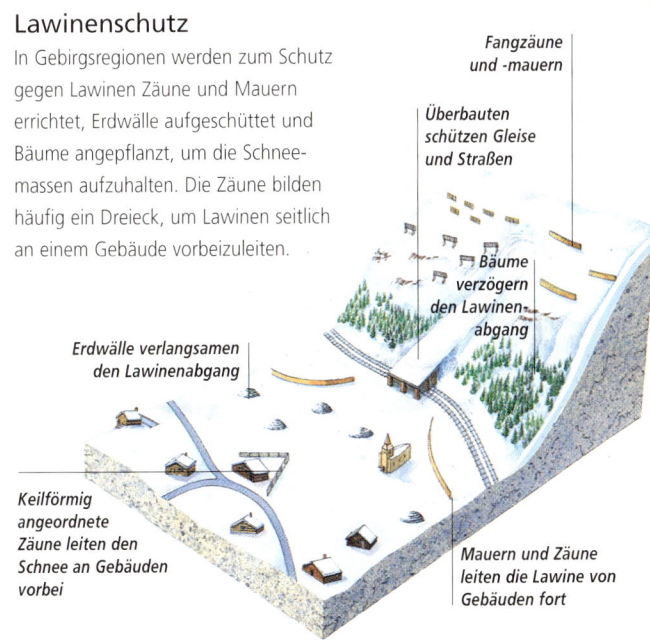

Fangzäune und -mauern

Überbauten schützen Gleise und Straßen

Bäume verzögern den Lawinenabgang

Erdwälle verlangsamen den Lawinenabgang

Keilförmig angeordnete Zäune leiten den Schnee an Gebäuden vorbei

Mauern und Zäune leiten die Lawine von Gebäuden fort

Dürre

Dürren sind extreme Trockenperioden, in denen kein Regen fällt. Eine Dürre kann auch in regenreichen Gebieten auftreten, nicht nur dort, wo es alljährliche Trockenzeiten gibt.

Ein »Blockierendes Hoch« leitet starke Winde ab, die normalerweise Regen bringen: Die Wasserversorgung wird knapp, es kommt zu Missernten.

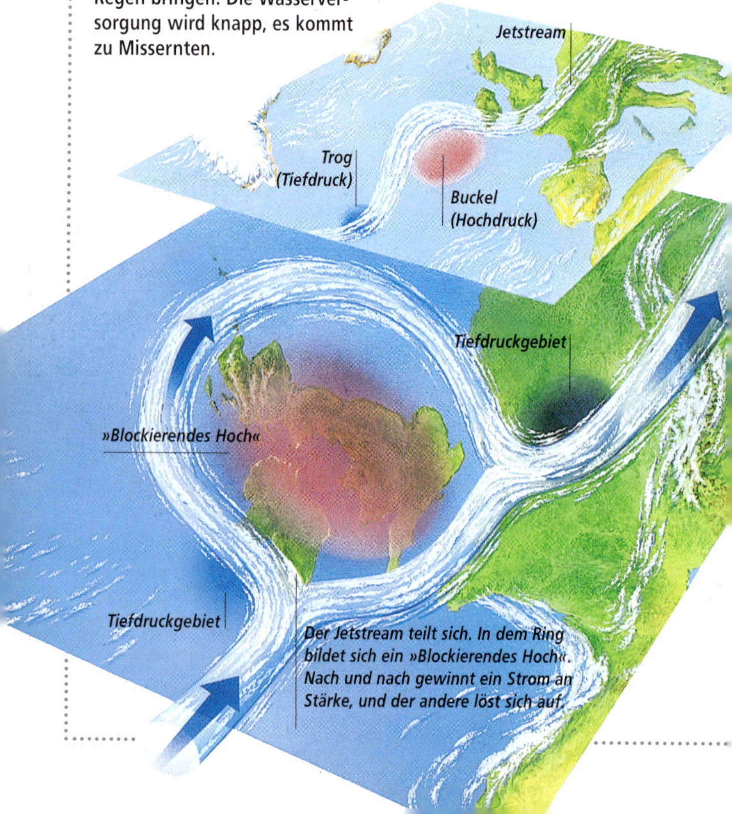

Jetstream

Trog (Tiefdruck)

Buckel (Hochdruck)

Tiefdruckgebiet

»Blockierendes Hoch«

Tiefdruckgebiet

Der Jetstream teilt sich. In dem Ring bildet sich ein »Blockierendes Hoch«. Nach und nach gewinnt ein Strom an Stärke, und der andere löst sich auf.

Buschbrände

Busch- oder Waldbrände entstehen während langer Dürreperioden, in denen die ausgetrockneten Bäume und Pflanzen sich leicht entzünden. Manchmal werden brennende Rindenstücke von trockenen Winden weitergetragen.

Australien erlebt häufig schwere Buschbrände, weil die dort heimischen, stark ölhaltigen Eukalyptusbäume das Feuer zusätzlich nähren.

Permanente Dürre

Für manche Wüstengebiete ist es normal, viele Jahre ohne Regen auszukommen. Andere Regionen, wie etwa die Sahel-Zone am Südrand der afrikanischen Sahara, leiden seit rund 40 Jahren unter anormal langen Dürreperioden. Regelmäßig verdorrt dort die Ernte, was Hungersnot und Elend für Millionen Menschen zur Folge hat.

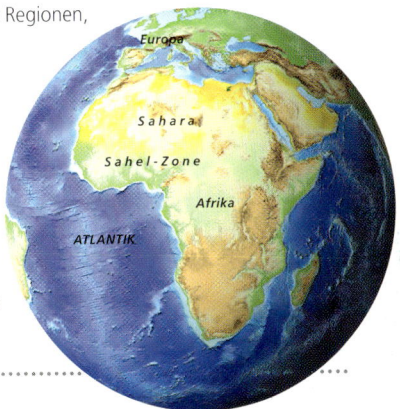

Wenn der Regen ausbleibt

Die Tiefdruckgebiete, die sich in den Tropen bilden, werden von einem Jetstream (siehe S. 28-29) gelenkt. Bewegt sich der Jetstream im Kreis, tut das Tief es ihm nach. Im Kreis bildet sich eine große Antizyklone (ein »Blockierendes Hoch«). Im Sommer bringt sie blauen Himmel und heißes, trockenes Wetter; hält sie aber über viele Wochen an, kann das zu Dürre führen.

Wetter-
vorhersage

Satellitenaufnahme vom Hurrikan »Mitch« im Oktober 1998: Das Wetter exakt vorauszusagen, ist für Meteorologen eine ständige Herausforderung.

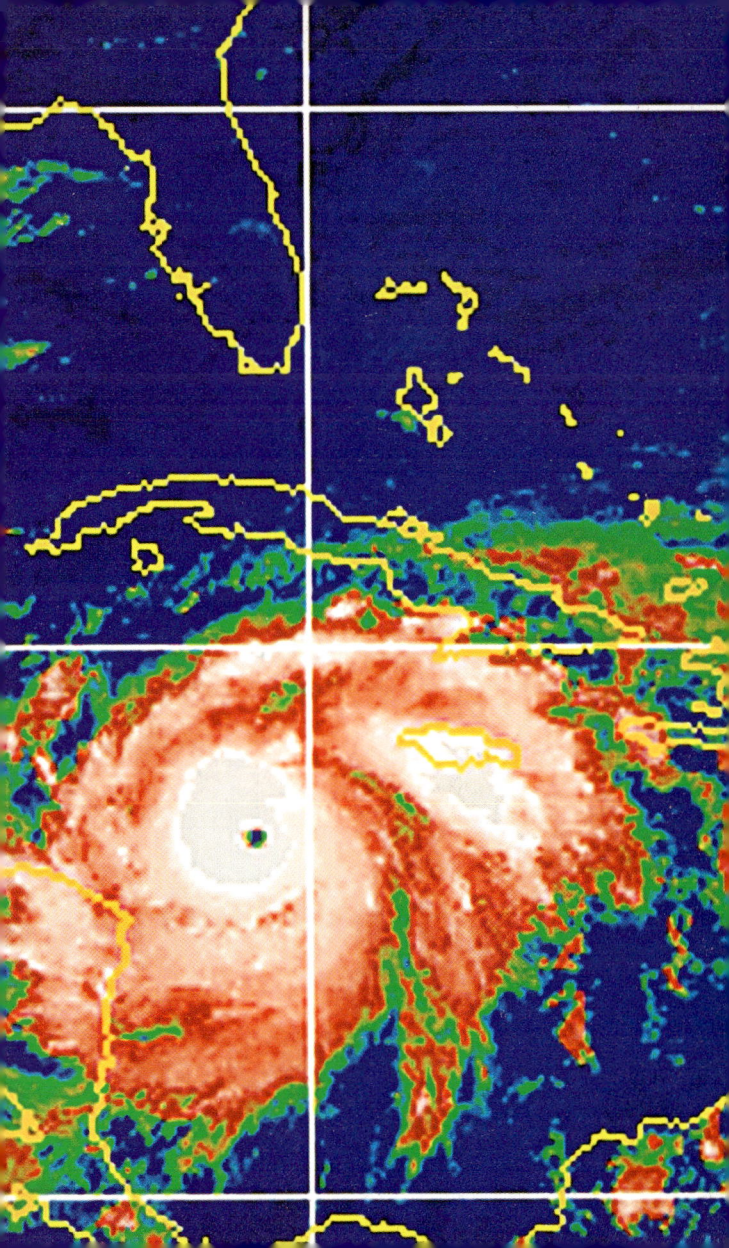

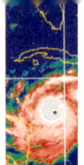

Wozu Wetter-vorhersagen?

Wenn wir wissen, wie das Wetter wird, können wir besser planen. Besonders wichtig ist das für Menschen, deren Arbeit und Leben in hohem Maß vom Wetter abhängen – also etwa für Bauern und Fischer.

Planung je nach Wetter

Korrekte Wetteransagen machen unser Leben sicherer und angenehmer. Die meisten Menschen hören die allgemeine Wettervorhersage im Radio und Fernsehen oder lesen die Wetterberichte in Zeitungen und Zeitschriften. Menschen mit stark wetterabhängigen Tätigkeiten bekommen vom Wetteramt die neuesten, detaillierten Voraussagen, um entsprechend planen zu können.

Die Gemeinde streut die Straßen mit Salz, wenn Eisglätte oder Schneefall zu erwarten ist

Fischerboote und Frachtschiffe ändern den Kurs oder suchen zum Schutz vor Stürmen und Orkanen sichere Häfen auf

Je nach Wettervorhersage stocken Supermärkte und andere Läden ihre Vorräte an Nahrung und Bekleidung auf oder sichern die Schaufenster

Wetterwarnungen

Extreme Wetterbedingungen wie dichter Nebel, heftige Schnee- oder Regenfälle, Eisglätte und Sturm machen die Straßen gefährlich. Den Wettervorhersagen gemäß entscheiden die Gemeinden, welche Straßen sie streuen oder sperren müssen.

Streusand lässt die Reifen besser greifen, Salz verhindert Glätte.

Autofahrten bei gefährlichen Wetterbedingungen wie Nebel, Schneetreiben, Glatteis, Sturm und heftigem Regen sind vermeidbar

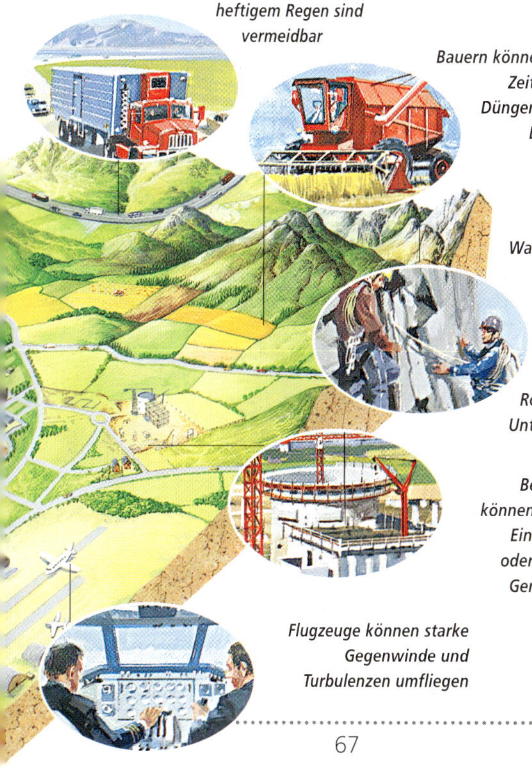

Bauern können den optimalen Zeitpunkt zum Säen, Düngen, Bewässern und Ernten berechnen

Bei rechtzeitiger Warnung vor Sturm, Orkan oder schlechter Sicht können Wanderer und Bergsteiger ihre Route ändern oder Unterschlupf suchen

Bei Sturmwarnung können Bauarbeiter den Einsatz hoher Kräne oder den Aufbau von Gerüsten vermeiden

Flugzeuge können starke Gegenwinde und Turbulenzen umfliegen

Wetter-
stationen

**Alle drei Stunden werden Millionen von Wetter-
beobachtungen an internationale Wetterwarten
gesandt, die Prognosen und Karten erstellen.**

Informationssammlung

Auf der ganzen Welt benutzen
Meteorologen die gleichen Standard-
instrumente zur Aufzeichnung von
Wetterbedingungen, um ihre Informationen vergleichen zu können. Die
so genannte Wetterhütte, ein weißer
Holzkasten, schützt die Instrumente
vor direktem Sonnenlicht und lässt
die Luft frei ein- und ausströmen.

*Das Quecksilber-
thermometer misst
die Temperatur*

Regenmesser

*Hygrometer
messen die
Luftfeuchtigkeit*

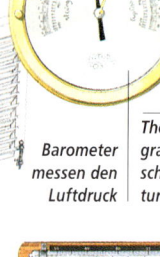

*Barometer
messen den
Luftdruck*

*Thermo-
graphen
schreiben Tempera-
turschwankungen auf*

*Minimum-Thermometer verzeichnen
Temperaturabfälle*

*Maximum-Thermometer verzeichnen
Temperaturanstiege*

*Die Instrumente stehen in 120 cm
hohen Wetterhütten*

Wetterballons (Radiosonden) steigen weltweit täglich von rund 700 Wetterstationen in die Atmosphäre auf.

Atmosphärische Bedingungen

Die Wetterbedingungen in der oberen Atmosphäre werden von Wetterflugzeugen und Radiosonden gemessen. Jeder Ballon wird beim Messen von Windrichtung und -geschwindigkeit genau verfolgt. Er übermittelt die Ergebnisse per Funk.

Wetterbeobachtungen

Meteorologen zeichnen Informationen zu allen Wetterelementen auf: Wolkendichte und -typ, Temperatur, Dauer der Sonneneinstrahlung, Luftfeuchtigkeit, Windstärke und -richtung, Luftdruck, Sichtweite und Niederschlagsmenge. Letztere wird stets mit dem Regenmesser festgestellt, auch wenn das Wasser von geschmolzenem Schnee, Graupeln oder Hagel stammt. 12 cm Schnee ergeben geschmolzen etwa 1 cm Wasser.

Wolken

Temperatur

Sonnenstrahlung

Luftfeuchtigkeit

Windstärke und -richtung

Luftdruck

Sichtweite

Niederschlag (Regen oder Schnee)

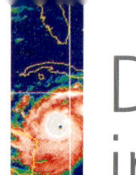

Die Welt
im Blick

Hoch über der Erde liefern »Remote-Sensing«-Instrumente an Bord von Wettersatelliten unschätzbare Informationen über globale Wettersysteme wie zum Beispiel Wolkenformationen und Hurrikane.

Wettersatelliten

Es gibt zwei Typen: Geostationäre Erdsatelliten senden aus dem All von einer festen Position alle 30 Minuten Bilder, die den halben Planeten abtasten können. Polarumlaufende Satelliten kreisen von Pol zu Pol. Etwa alle zwei Stunden erfassen sie eine beliebige Region und umrunden dabei zweimal täglich auf festgelegtem Kurs die Erde.

Satelliten ermöglichen immer bessere Wettervorhersagen: Heute kann man Stürme fotografieren und entsprechende Maßnahmen treffen.

Bildschirmüberwachung

Aufzeichnungen von Satelliten-instrumenten werden von Wetter-stationen aufgefangen und häufig am Bildschirm dargestellt. Zur Analyse der zahllosen Wetterangaben benötigen die Meteorologen besonders leistungs-fähige Computer: Sie komprimieren die Daten, machen sie lesbar und leichter zu bearbeiten.

Ein Mitarbeiter des Wetteramts in Bracknell (Großbritannien) überprüft Satellitendaten.

Das Satellitenbild zeigt einen Sturm über dem Beringmeer. Der Computer hebt die Wolken farbig hervor.

Satellitenbilder

Satelliten arbeiten mit zwei ver-schiedenen Sensoren: einem Imagesetter (Tageslichtsensor), der wie eine Kamera funktioniert und deshalb (weil er auf reflektiertes Licht angewiesen ist) nur tagsüber verwendet werden kann. Der zweite ist ein Ton- oder Infrarot-sensor. Er liest Wolken- und Luft-temperaturen ab. Infrarotsensoren sind bei Tag und Nacht einsetzbar.

Das Satellitenbild von Hurrikan »Gilbert« stellt warmes Land in Schwarz und Dunkelgrau, kühle Wolken weiß und hellgrau dar.

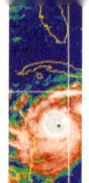

Wetter-
prognosen

Moderne Wetterprognosen kombinieren Daten von Beobachtungen, Radiosonden und Satelliten mit Computersimulationen und Kenntnissen über Wetterentwicklungen und -muster.

 Nimbostratus

Bedeckter Himmel

Anhaltender Regen

Windgeschwindigkeit 60 Knoten (111 km/h); Temperatur 14°C

 Cumulonimbus

Bedeckter Himmel

Heftige Regenschauer

Windgeschwindigkeit 30 Knoten (56 km/h); Temperatur 11°C

TIEF 988 992 996

14

996   1 000

1 000

1 004

18

1 008

1 012

Das Wetter vorhersagen

Die Wettervorhersage für den folgenden Tag stützt sich auf aktuelle Informationen, die ein besonderer Computer daraufhin auswertet, welche Veränderungen von Luftdruck, Wind, Temperatur und Luft-

 Stratocumulus

Bewölkter Himmel

Windgeschwindigkeit 15 Knoten (28 km/h); Temperatur 18°C

feuchtigkeit in den nächsten 10 Minuten zu erwarten sind. Diese kurzfristigen Prognosen werden in weitere Computer eingegeben, die den Wetterbericht auf 24 Stunden hochrechnen. Präzise Vorhersagen für fünf aufeinander folgende Tage sind machbar – für langfristigere ist unser Wettersystem zu komplex.

Fernsehwetterberichte (hier des britischen BBC) verwenden häufig ihre eigenen, leicht verständlichen Wettersymbole.

⌐ *Hakenförmige Cirrus-Wolken*

◑ *Bewölkter Himmel*

⌐ *Windgeschwindigkeit 15 Knoten (28 km/h); Temperatur 15°C*

Wettersymbole

Die Meteorologen verwenden standardisierte Wettersymbole, um den Informationsaustausch zu erleichtern. Zur Bedeutung einiger internationaler Wettersymbole siehe S. 110-111.

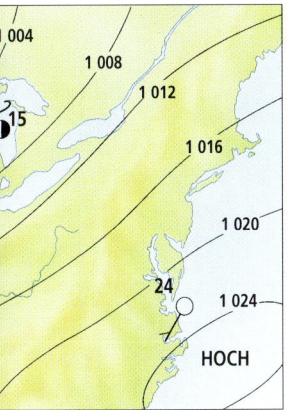

○ *Wolkenloser Himmel*

⌐ *Leichter Wind, 5 Knoten (9 km/h); Temperatur 24°C*

Wetterkarten

Die Linien auf einer Wetterkarte heißen Isobaren. Sie verbinden Gebiete mit gleichem Luftdruck. Grundsätzlich gilt: Je dichter die Isobaren beisammen liegen, desto stärker sind die Winde. Der Luftdruck entlang der Isobaren wird in Millibar angegeben (der durchschnittliche Luftdruck auf der Erdoberfläche beträgt  1 013 Millibar). Die Isobaren umschließen Gebiete mit hohem oder niedrigem Luftdruck. Die Wetterfronten eines Tiefs (siehe dicke, schwarze Kurven) bringen bestimmte Wetterbedingungen mit sich. Die Windgeschwindigkeit wird in Knoten gemessen. Das dreieckige Windsymbol zeigt in Windrichtung auf das Wolkensymbol.

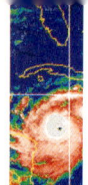

Himmels-
beobachtung

Um eine eigene Wettervorhersage zu machen, braucht man keine Wetterstation. Aus der Beobachtung des Himmels kann man schließen, was in der Atmosphäre passiert und wie das Wetter wird.

Blauer Himmel

Das weiße Sonnenlicht setzt sich aus den Regenbogenfarben zusammen. Auf seinem Weg durch die Atmosphäre trifft das Sonnenlicht auf Wassertröpfchen, Eiskristalle, Staub- und Schmutzpartikel. Sie streuen das Licht und verändern es (mitsamt der in ihm enthaltenen Farben). Die blaue Farbe wird im Sonnenlicht am stärksten zerstreut; deshalb erscheint der Himmel an warmen, sonnigen Tagen leuchtend blau.

Ist die Luft kühl und trocken und die Atmosphäre frei von Schmutzteilchen, erscheint der Himmel tiefblau.

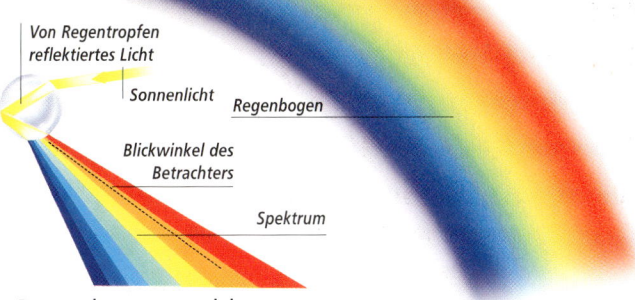

Von Regentropfen reflektiertes Licht

Sonnenlicht

Regenbogen

Blickwinkel des Betrachters

Spektrum

Regenbogenstrahlen

Ein Regenbogen entsteht, wenn Sonnenlicht in Regentropfen eindringt und dabei in die Farben des Spektrums zerlegt wird. Weil das Wetter meist von Westen nach Osten wandert, kann ein Regenbogen, der nachmittags oder abends im Osten erscheint, ein Anzeichen für gutes Wetter sein. Ein morgendlicher Regenbogen im Westen deutet auf Regen hin.

Roter Himmel

Bei Sonnenauf- und -untergang verfärbt sich der Himmel oft leuchtend rot, weil die Sonne tief am Himmel steht und das Sonnenlicht eine größere Entfernung durch die Atmosphäre zurücklegen muss. Dabei wird das Licht gebrochen und zerstreut. Blaues Licht zerstreut sich am stärksten – Rot, Orange und Gelb bleiben übrig, bis das Licht die Erdoberfläche erreicht und wir einen orangeroten Himmel sehen.

In England gilt ein roter Abendhimmel als Anzeichen für gutes Wetter. Wetteränderungen kommen hier meist von Westen, und ein roter Sonnenuntergang signalisiert: Der westliche Himmel ist frei.

Sonne

Mittags legt das Licht eine kürzere Strecke zurück

Sonne

Atmosphäre

Bei Sonnenauf- und -untergang legt das Licht eine weitere Strecke durch die Atmosphäre zurück

Wolken-
beobachtung

Wolken geben uns Aufschluss über das Wetter. Zu wissen, dass Wolken vom Wind getrieben werden, verrät uns, aus welcher Richtung das Wetter anrückt.

Schönwetter-Cumuli

Dichte Cumuli (Regenwolken)

Cumulonimbus (Sturmwolken)

Wird es regnen?

Einige Stunden vor Eintreffen einer Warmfront mit Regen erscheinen weit entfernte Gegenstände scharf hervorgehoben und hell erleuchtet, weil einer Warmfront häufig trockene Polarluft vorausgeht. Polarluft ist besonders klar und kalt und sorgt für gute Sicht. Langgezogene Cumuli, so genannte Schönwetter-Cumuli, zeigen normalerweise Wetterbesserung an; wenn die Wolkendecke sich jedoch blumenkohlförmig nach oben auswölbt, kann es nachmittags zu Schauern kommen. Schwere, dichte Cumuli bringen eher Regen als flach auseinander gezogene, weil sie mehr Wasser enthalten. Sie sind an der Unterseite meist grau, weil das Sonnenlicht den Wasserdampf in ihrem Inneren nicht durchdringen kann. Schwere, dunkle Cumulonimbus-Wolken verheißen viel Regen und womöglich auch Sturm.

Kondensstreifen

Die bandförmigen, weißen Cirrus-Wolken im
Gefolge von Flugzeugen heißen Kondensations-
oder Kondensstreifen. Sie bilden sich, wenn aus
den Flugzeugdüsen strömender Wasserdampf
in den eisigen Höhen zu Eiskristallen gefriert.

**Sich rasch auflösende Kondensstreifen signal-
isieren trockenes Wetter; lange weisen auf
feuchte Luft und unbeständiges Wetter hin.**

**Die Wolkenformen spiegeln mitunter
die Vorgänge in der Atmosphäre.**

Wattewellen

Manchmal bilden sich am Himmel
phantastische Wolkenlandschaften.
Gelegentlich sieht man sogar
»Wolkenwellen«: Sie entstehen
beim Durchzug verschiedener
Winde in übereinander liegenden
Schichten der Atmosphäre.

Linsenwolken

Manchmal entwickeln sich die Wellenformen, wenn Wolken vom Wind
über eine Bergkette getragen werden. Auf den »Wellenkämmen«, wo die
aufsteigende Luft abkühlt und zu Wassertröpfchen kondensiert, bilden sich
glatte, linsenförmige Wolken. Linsenwolken »kleben« an den Wellen und
bleiben daher
oft längere Zeit
am selben Fleck.

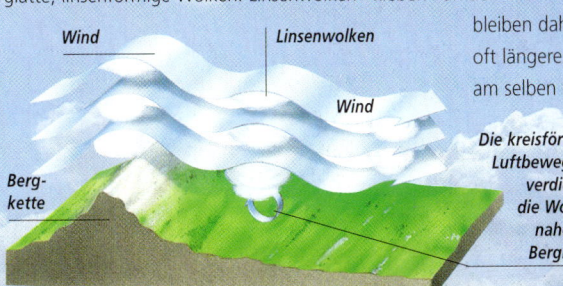

Wind   Linsenwolken

Wind

Berg-
kette

*Die kreisförmige
Luftbewegung
verdichtet
die Wolken
nahe der
Bergkette*

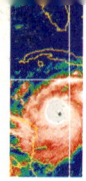

Wetterregeln

Wetter- oder Bauernregeln haben Jahrhunderte überdauert, häufig als Reime oder in Spruchform. Für präzise Vorhersagen sind sie meist unbrauchbar, einige allerdings erweisen sich als durchaus verlässlich.

Überlieferte Reime und Sprüche

In den mittleren Breitengraden, denen Wetterfronten oft Landregen bescheren, heißt es mitunter: »Regen vor sieben, bis elfe vertrieben«. Dieser Reim trifft zu, weil die Regenfronten hier durchschnittlich 260-320 km breit sind und sich mit 65 km/h bewegen, also in etwa vier bis fünf Stunden durchgezogen sind. Spruchweisheiten über den Wind wie etwa »Bläst der Wind von Nord mit Macht, nehmet euch vor Schnee in Acht« sind weniger verlässlich und gelten nur für bestimmte Regionen.

Ein tiefroter Abendhimmel mit dunklen Wolken verheißt für den folgenden Morgen Regen – im Gegensatz zu dem bekannten Spruch: »Abendrot: Gutwetterbot. Morgenrot: Mit Regen droht«.

Weisheiten aus der Natur

Trockene Luft dörrt Tang aus.

Es gibt natürliche Anzeichen, die uns etwas über das Wetter verraten. Manche Pflanzen, wie die Purpurwinde, schließen ihre Blüten, wenn die Luft feucht wird, und zeigen so bevorstehenden Regen an. Von vielen Tangsorten lässt sich häufig ein Wetterumschwung ablesen: Sie saugen sich bei hoher Luftfeuchtigkeit mit Wasser voll, werden schleimig und deuten damit auf Regen hin. Auch Lärchenzapfen öffnen oder schließen sich je nach dem Grad der Luftfeuchtigkeit. Andere Bauernregeln wie etwa die, dass sich Schafe und Kühe bei herannahendem Regen auf den Boden legen, sind wissenschaftlich weniger untermauert – vielleicht geht es den Tieren um einen trockenen Rastplatz.

Feuchtes Wetter: geschlossener Zapfen.

Trockenes Wetter: geöffneter Zapfen.

Wetterhäuschen

In manchen Teilen Europas waren und sind kleine Wetterhäuschen als »Regenmelder« in Gebrauch. Zwei Figuren werden auf einer drehbaren hölzernen Plattform befestigt, die ihrerseits mit einem Haar verbunden ist. Da Haar sich bei feuchtem Wetter ausdehnt und bei trockenem zusammenzieht, bewegen sich Plattform und Figuren mit.

Je nach feuchter oder trockener Luft kommt ein männliches oder weibliches Figürchen aus einer der Türen des Wetterhäuschens zum Vorschein.

Klima-
veränderung

Bei der Erzeugung von Strom aus
Brennstoffen entweichen große Mengen
Kohlendioxid – das wichtigste Treibgas –
und verschmutzen die Atmosphäre.

Schlüssel zur Vergangenheit

Im Verlauf der Jahrhunderte hat sich das Weltklima allmählich verändert. Die Beschäftigung mit früheren Klimaten gibt Aufschluss über künftige Entwicklungen.

Versteinerter Ammonit.

Zeitzeugen

Erst vor rund 300 Jahren begann man Wetter und Klima zu erforschen. Um etwas über tausende oder gar Millionen von Jahren zurückliegende Klimate zu erfahren, untersuchen Wissenschaftler versteinerte Überreste von Pflanzen und Tieren, denn lebende Organismen passen sich stets dem Klima an, in dem sie leben.

Ein Fisch stirbt und sinkt auf den Meeresgrund.

Skelett und Zähne versteinern im Lauf von Jahrmillionen.

Das Fossil kommt durch Erosion wieder zu Tage.

| Rinde | Schmaler Ring | Breiter Ring |

Jedes Jahr legt ein Baum eine Schicht Holz zu – in trockenen Jahren einen schmalen, in regenreichen Jahren einen breiten Ring. Die Untersuchung von Baumringen verrät einiges über die Klimaveränderungen im Lauf der letzten 8 000 Jahre.

Historische Zeugnisse

Weitere Hinweise zu Klimaveränderungen geben Schiffslogbücher, Wetterchroniken und Berichte über Weinernten. Auch Bilder verraten etwas über frühere Wetterbedingungen. Viele Gemälde zeigen, dass im 16. Jahrhundert schneereiche Winter in West- und Mitteleuropa nicht ungewöhnlich waren.

Winterliche Ansicht *von Pieter Bruegel (ca. 1515-1569).*

Dramatische Klimaveränderungen

Manche Klimaänderungen – etwa trockenere Sommer oder mildere Winter – erfolgen sacht und allmählich; andere sind dramatisch. Nach Meinung vieler Wissenschaftler verursachte ein vor rund 65 Millionen Jahren auf die Erde gestürzter Asteroid massive Klimaveränderungen sowie das Aussterben von drei Vierteln sämtlicher Lebensformen, darunter die Dinosaurier.

Mögliche Folgen eines Asteroiden-Einschlags:

7 Mögliche Folge: eine »treibhausartige« Erwärmung des Weltklimas.

6 Staubwolken halten Sonnenwärme und -licht fern.

5 Beim Auftreffen entstandene Gase gehen als saurer Regen nieder.

4 In die Atmosphäre hochgewirbelte Partikel verteilen sich großflächig.

1 Die Erschütterung der Erdkruste löst Erdbeben aus.

2 Unterseeische Erdbeben lösen Tsunamis (Flutwellen) aus.

3 Beim Auftreffen frei gewordene Energie entfacht große Waldbrände.

Die Eiszeiten

Im Lauf der letzten zwei Millionen Jahre waren großе Teile der Erde über längere Zeit mit Eis bedeckt. Diese Perioden heißen Eiszeiten oder Glaziale. Die letzte Eiszeit endete vor etwa 10 000 Jahren.

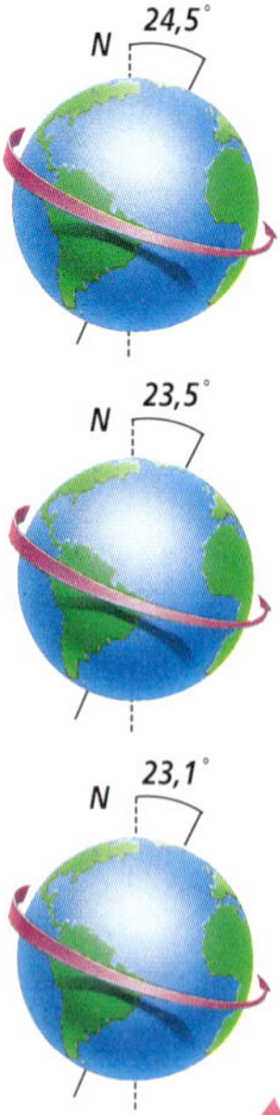

Wie kommt es zu einer Eiszeit?

Eiszeiten entstehen durch Veränderungen in der Kreisbahn der Erde um die Sonne und um die eigene Achse. Dadurch empfangen verschiedene Regionen weniger Sonnenlicht. Alle 100 000 Jahre beginnt das Klima sich weltweit abzukühlen: Die Winter werden länger, allmählich verdichtet sich der Schnee zu massiven Eisschilden, die Meere vereisen. Erst wenn Umlaufbahn und Achsendrehung der Erde sich wieder verändern, geht eine Eiszeit zu Ende.

Die Erde dreht sich derzeit mit einer Neigung von 23,5°; etwa alle 41 000 Jahre jedoch ändert sich der Neigungswinkel um einige Grade (siehe links). Im Verlauf von 100 000 Jahren dehnt sich die Erdumlaufbahn von kreisrund zu oval aus (siehe unten).

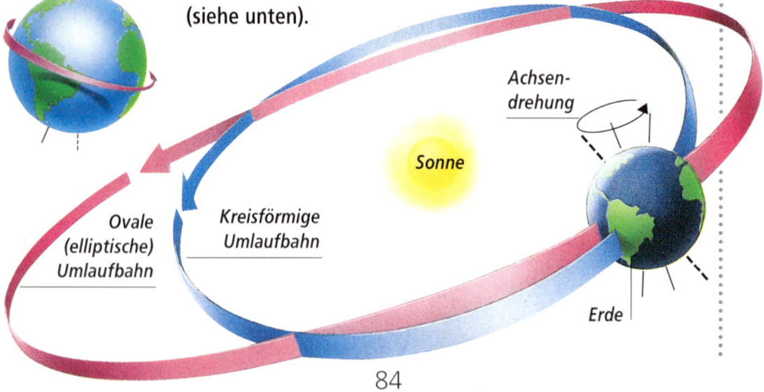

N 24,5°

N 23,5°

N 23,1°

Achsendrehung

Sonne

Ovale (elliptische) Umlaufbahn

Kreisförmige Umlaufbahn

Erde

Zwischeneiszeiten

Als Zwischeneiszeit bezeichnet man die wärmeren Klimate zwischen zwei Eiszeiten – das ist auch die Periode, in der wir heute leben. Zur Zeit existieren große Eisschilde nur in Grönland und der Antarktis. Die letzte Eiszeit hat deutliche Spuren auf der Erde hinterlassen; damals gruben die langsam vorrückenden Eismassen mit ihrem Gewicht neue Täler und Seen in die Erdoberfläche.

Ein Eisbrecher bahnt sich seinen Weg durch das Eismeer der Antarktis.

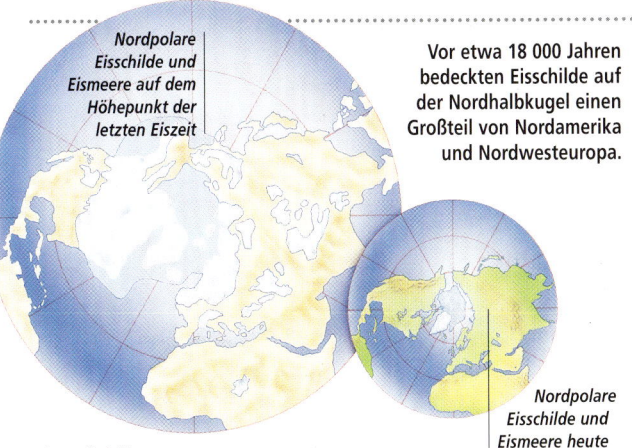

Nordpolare Eisschilde und Eismeere auf dem Höhepunkt der letzten Eiszeit

Vor etwa 18 000 Jahren bedeckten Eisschilde auf der Nordhalbkugel einen Großteil von Nordamerika und Nordwesteuropa.

Nordpolare Eisschilde und Eismeere heute

Eiszeitklima

Auf dem Höhepunkt der letzten Eiszeit, vor etwa 18 000 Jahren, lagen Nordeuropa, Teile von Sibirien, Kanada, der Norden der USA, Neuseeland, Tasmanien und die Spitze Südamerikas unter teilweise bis zu 1 km dicken Eisschilden. Die Vereisung der Meere ließ den Wasserspiegel um 100 m fallen, und die Küsten schoben sich ins Meer vor; so bestand damals noch eine Landverbindung zwischen England und Europa.

Licht und Dunkelheit

Bei einem Ausbruch schleudert ein Vulkan Unmengen von Staub, Asche, Rauch und Gasen in die Atmosphäre. Die Aschewolken können das Sonnenlicht abhalten und eine Abkühlung des Weltklimas verursachen.

Klimaabkühlung

Wird bei einem heftigen Ausbruch schwere Asche in die Troposphäre (die unterste Schicht der Atmosphäre) geschleudert, fällt sie in Form von Niederschlägen gewöhnlich binnen einiger Wochen zurück auf die Erde. Feiner Staub und Gase jedoch können in die Stratosphäre aufsteigen und von Höhenwinden rund um den Erdball verteilt werden. Hier funktionieren sie als eine Art Sonnenschirm, der die Erde etwas verdunkelt und ihr bis zu drei Jahre lang kälteres Klima mit eisigen Wintern und kühlen Sommern beschert.

Sonnenfleck

Die Flecken auf der Oberfläche der Sonne (hier in Nahaufnahme) nehmen in einem 11-jährigen Zyklus ab und zu. Diese Schwankung beeinflusst die Abfolge von Dürre, Niederschlag und kalten Wintern in verschiedenen Erdteilen.

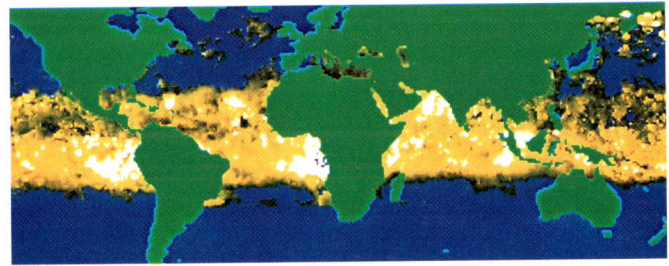

Satellitenbilder, aufgenommen nach Ausbruch des Mount Pinatubo (oben) und zwei Monate später (unten), zeigen die Verteilung von Staub und Gas (gelb und weiß hervorgehoben) durch Winde entlang des Äquators.

Kühl und kalt

Bei Ausbruch im Juni 1991 schleuderte der philippinische Vulkan Pinatubo 15 Millionen Tonnen Staub und Gas in die Stratosphäre. Sie schirmten das Sonnenlicht teilweise ab und das führte binnen eines Jahres weltweit zu einem durchschnittlichen Temperaturabfall von 5°C. Manche Regionen kühlten stärker ab als andere, was sich auf die globalen Winde und Sturmbahnen auswirkte.

Sonnenfleck

Sonnenflecken

So heißen die dunklen Flecken auf der Sonnenoberfläche. In größerer Anzahl zeigen sie eine ungewöhnlich starke Erwärmung und Aktivität der Sonne an. Wenige Sonnenflecken deuten auf einen eher kühlen, trägen Zustand hin. Bei starker Sonnenaktivität wird es auf der Erde wärmer, bei schwacher kühler.

Umwelt-
verschmutzung

Tag für Tag werden Abgase aus Millionen von Fahrzeugen sowie Rauch und ätzende Gase aus Schornsteinen in die Luft gepumpt – Schadstoffe, die mit der Atmosphäre auch unser Klima verändern.

Stadtsmog

Von Fahrzeugen und Fabrikschornsteinen freigesetzte Schadstoffe hüllen Großstädte mitunter in eine dichte, bräunliche Smogdecke. Smog bildet sich bevorzugt an windstillen Tagen, wenn die absinkende Luft in Hochdruckgebieten die Schadstoffe nicht in die Atmosphäre entweichen lässt. Zuweilen werden Smogwarnungen ausgegeben; sie richten sich vor allem an Menschen mit Asthma- oder sonstigen Atembeschwerden, die durch Smog weiter verstärkt werden könnten.

Dichter Smog verhüllt die Berge hinter Mexico City (oben), der Stadt mit der dreckigsten Luft der Welt.

Ein Sauerstoffgerät erleichtert asthmakranken Kindern (rechts) das Atmen.

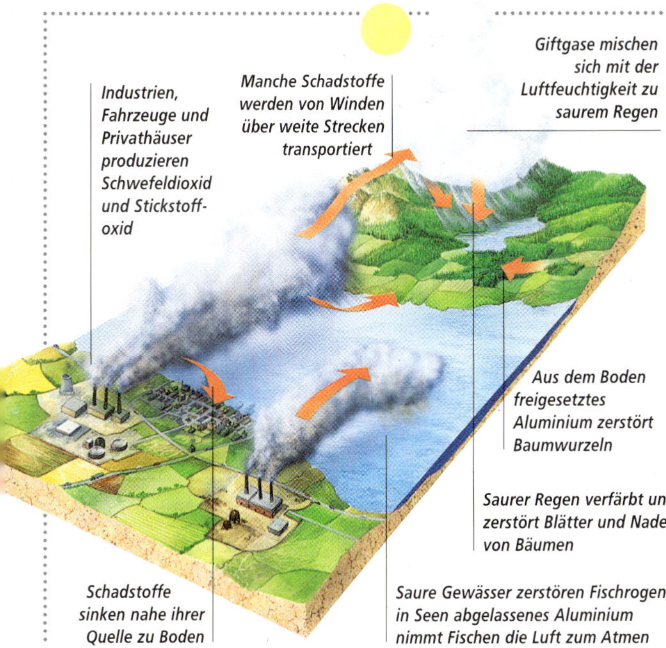

Industrien, Fahrzeuge und Privathäuser produzieren Schwefeldioxid und Stickstoffoxid

Manche Schadstoffe werden von Winden über weite Strecken transportiert

Giftgase mischen sich mit der Luftfeuchtigkeit zu saurem Regen

Aus dem Boden freigesetztes Aluminium zerstört Baumwurzeln

Saurer Regen verfärbt und zerstört Blätter und Nadeln von Bäumen

Schadstoffe sinken nahe ihrer Quelle zu Boden

Saure Gewässer zerstören Fischrogen; in Seen abgelassenes Aluminium nimmt Fischen die Luft zum Atmen

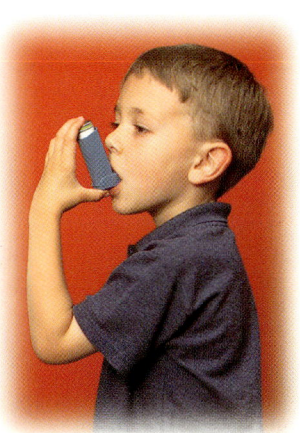

Saurer Regen

Beim Verbrennen von Öl und Kohle werden Gase frei. Einige, wie etwa Schwefeldioxid und Stickstoffoxid, mischen sich mit Wasserdampf und fallen als saurer Regen, der Tiere und Pflanzen schädigt. Er entzieht dem Boden sowie den Blättern und Nadeln von Bäumen Nährstoffe. Außerdem setzt er normalerweise im Boden gefangenes Aluminium frei, das in Seen und Flüsse gespült wird – mit tödlichen Folgen für die dort lebenden Fische.

89

Das Ozonloch

Unser Fortschrittsdrang schadet der Ozonschicht, die als Teil des gasförmigen Schutzschildes der Atmosphäre gefährliche Sonneneinstrahlung abfängt.

Ozon im Wandel der Zeit

Das bläuliche Gas Ozon ist eine Sauerstoff-Variante. Über Jahrmillionen blieb der Ozongehalt der Atmosphäre mehr oder weniger konstant – bis ab etwa 1960 große Mengen von FCKW (Fluorchlorkohlenwasserstoff) in die Atmosphäre gelangten und die Ozonschicht verheerend schädigten. Die Verweildauer von FCKW in der Atmosphäre beträgt bis zu 140 Jahre – und damit auch seine Auswirkung auf die Ozonschicht. Sie weist mittlerweile große »Löcher« auf – über Australien, Neuseeland und der Arktis, am krassesten jedoch über der Antarktis.

Ultraviolette Sonnenstrahlen dringen durch »Löcher« (Stellen mit geringerer Ozonkonzentration) in die Ozonschicht ein. Schuld an der Ausdünnung der Ozonschicht ist hauptsächlich FCKW – als Bestandteil von Kühlsystemen, Klimaanlagen, bestimmten Sprühdosen und Verpackungen.

Sonne

Die Ozonschicht schirmt einen Großteil der UV-Strahlen ab

Ausdünnung der Ozonschicht

Ozonloch über der Antarktis

In den sechziger Jahren begannen Wissenschaftler mit Messungen des Ozonanteils in der Ozonschicht. Anfang der achtziger Jahre entdeckten sie, dass die Schicht über der Antarktis alljährlich zwischen September und Oktober dramatisch ausdünnte und ein »Loch« von etwa der eineinhalbfachen Fläche der USA bildete.

1999: Das Ozonloch (hellblau) über der Antarktis (dunkelblau) in seiner maximalen Ausdehnung von 25 Millionen Quadratkilometern.

UV-Strahlen

Ozon filtert einen Großteil der schädlichen UV-Strahlen aus dem Sonnenlicht heraus. UV-Strahlen können das Augenlicht schädigen sowie Sonnenbrand und Hautkrebs verursachen. Bei weiterer Ausdünnung der Ozonschicht drohen schwerwiegendere Gesundheitsgefährdungen und eine schnellere Verbreitung von ansteckenden Krankheiten.

Sonnenbrand durch zu viel UV-Licht beugt man mit Kopfbedeckung und Sonnenschutzmitteln vor.

Die vermehrte Konzentration bestimmter Gase in der Atmosphäre verhindert den Hitzeaustausch und kann zu globaler Erwärmung führen
(siehe S. 92-93)

Der Treibhaus-effekt

Nach Meinung vieler Wissenschaftler lässt sich die allmähliche, weltweite Klimaerwärmung mit dem Phänomen des Treibhauseffekts erklären.

Von Wolken reflektiertes Sonnenlicht

Was ist der Treibhauseffekt?

Treibgase funktionieren genauso wie die Glasscheiben in einem Treibhaus – sie lassen Sonnenlicht und Wärme von außen durch, geben aber keine Wärme nach außen ab. Ohne Treibgase würde die Durchschnittstemperatur auf der Erde statt 15°C lediglich -17°C betragen; also können wir ohne sie nicht überleben. Nachdenklich stimmt die Wissenschaftler jedoch die zu erwartende Zunahme von künstlich erzeugten Treibgasen. Rund die Hälfte aller ausgesandten Treibgase verbleibt in der Erdatmosphäre; ihr Anteil steigt dadurch, das Weltklima wird noch wärmer.

Methangas – gebildet aus Dung, Sümpfen, verfaulten Pflanzen und Gasleitungen

FCKW aus bestimmten Spraydosen, Schaumstoffen und überholten Kühlsystemen

Methangas aus verrottetem Abfall und Müll

Treibgase

Das wichtigste Treibgas – Kohlendioxid – ist für rund die Hälfte der gesamten globalen Erwärmung der letzten 150 Jahre verantwortlich. Es entweicht in die Atmosphäre, wenn Holz und fossile Brennstoffe wie Kohle, Öl oder Gas zur Energiegewinnung verbrannt werden. Weitere Treibgase sind FCKW, Methan und Stickstoffoxid. Die großflächige Rodung von Regenwäldern trägt zur globalen Erwärmung bei, da Bäume beim Wachsen Kohlendioxid verbrauchen.

Die gesteigerte Konzentration von Treibgasen in der Atmosphäre verringert auf der Erde sowohl die Sonneneinstrahlung als auch die Wärmeabstrahlung.

Hitze entweicht zum Teil in die Atmosphäre

Von Wolken zurückgeworfene Hitze

Sonneneinstrahlung

Kohlendioxid als Endprodukt der Verbrennung von Holz und fossilen Brennstoffen

Stickstoffoxid aus Autoabgasen und chemischen Düngemitteln

Kohlendioxid infolge von Wald- und Steppenbränden

Das künftige Weltklima

Obwohl auf der Erde – vielleicht schon binnen der nächsten 1 000 Jahre – wieder eine Eiszeit fällig wäre, erwärmt sich das Weltklima im Moment infolge von Treibgasen. Was wird sich durchsetzen?

Das Öko-Haus

Das künftige Weltklima vorherzusagen, ist nicht leicht. Klar ist jedoch, dass wir Menschen alles tun müssen, um nicht weiter zur globalen Erwärmung beizutragen. In Zukunft könnten mehr Menschen in umweltfreundlichen Häusern wie dem hier abgebildeten Öko-Haus aus Oxford (England) leben, das Heizen, Kühlen, Kochen und Beleuchtung mit minimalem Energieaufwand bewältigt.

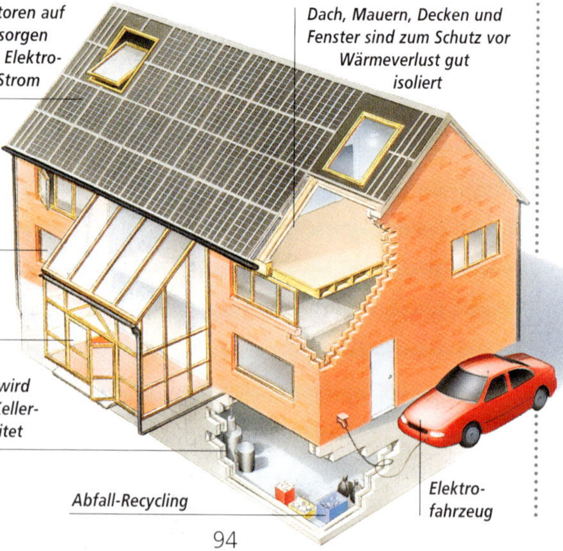

Sonnenkollektoren auf dem Dach versorgen Haushalt und Elektrofahrzeug mit Strom

Dach, Mauern, Decken und Fenster sind zum Schutz vor Wärmeverlust gut isoliert

Schlaf- und Wohnzimmer blicken nach Süden (maximale Sonneneinstrahlung)

Dreifach verglaste Fenster

Regenwasser wird vom Dach in Kellerzisternen geleitet

Abfall-Recycling

Elektrofahrzeug

Erwärmung

Die Industrieländer sind übereingekommen, den Ausstoß von Treibgas in die Atmosphäre zu begrenzen. Um der globalen Erwärmung Einhalt zu gebieten, bedarf es aber sehr viel durchgreifenderer Maßnahmen. Wenn nicht mehr unternommen wird, könnte der Meeresspiegel bis zum Jahr 2050 zwischen 15 und 45 cm ansteigen. Einige Regionen werden trockener, andere feuchter werden, diverse Pflanzen und Tiere werden vermutlich aussterben.

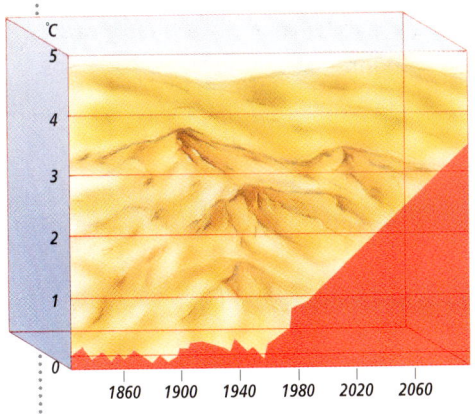

Geschätzter durchschnittlicher Temperaturanstieg auf der Erde.

Erneuerbare Energie

Der Erdvorrat an fossilen Brennstoffen ist begrenzt und wird irgendwann erschöpft sein. Die Länder müssen an Stelle der fossilen Brennstoffe erneuerbare Energiequellen wie Wasserkraft und Wind- oder Sonnenenergie nutzen, um die globale Erwärmung einzudämmen. Auf »Windfarmen« wird der Strom aus Windenergie gewonnen. Die von Turbinen erzeugte Strommenge entspricht der jeweiligen Windgeschwindigkeit.

Experimentelle »Windfarm« in Palm Springs (Kalifornien, USA).

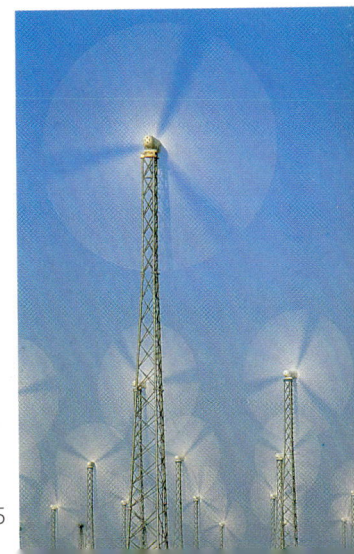

Fakten und Zahlen

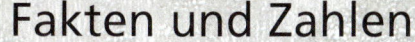

Wetter ist rund um den Erdball allgegenwärtig: ein faszinierendes Naturphänomen mit zahlreichen Extremen, von Dürren bis zu Überschwemmungen.

Wetterrekorde

Die meisten Wetterrekorde bleiben über viele Jahre gleich. Einige sind in den vergangenen 20 Jahren gebrochen worden, und manche Extremwerte werden in Zukunft wohl noch überschritten werden.

TEMPERATUR UND SONNENSCHEINSTUNDEN

Rekord	Temperatur/ Sonnenschein	Ort	Datum
Höchste im Schatten gemessene Temperatur	57,8°C	Al-Azizyah, Libyen, Afrika	13. September 1922
Niedrigste Temperatur	-89,2°C	Plateau Station, Antarktis	21. Juli 1983
Heißester Ort der Erde	34,4°C	Dallol, Äthiopien, Afrika	(Durchschnitts-temperatur)
Kältester Ort der Erde	-57°C	Antarktis	(Durchschnitts-temperatur)
Sonnenschein – Maximum	90% (über 4 000 Stunden pro Jahr)	Yuma, Arizona, USA	–
Sonnenschein – Minimum	182 Tage ohne Sonnenschein	Südpol	–

Die kälteste Region der Welt ist der Südpol: die Antarktis.

Der heißeste Ort der USA (weltweit an zweiter Stelle) ist das Death Valley in Kalifornien, USA.

Der regenreichste Ort der Welt ist das indische Shillong-Plateau. Die meisten Niederschläge fallen hier zwischen Juni und September; pro Jahr erreichen sie nahezu 12 000 mm.

REGENFÄLLE UND REGENSTUNDEN

Rekord	Regenfälle	Ort	Datum
Feuchtester Ort	11 873 mm	Shillong-Plateau, Indien, Asien	(Jahres-durchschnitt)
Trockenster Ort	0,1 mm	Atacama-Wüste, Chile, Südamerika	(Jahres-durchschnitt)
Regentage – Maximum	Bis zu 350 pro Jahr	Mount Waialeale, Hawaii, USA	–
Stärkster Regenfall binnen 12 Monaten	26 466 mm	Cherrapunji, Indien, Asien	1. August 1860 bis 31. Juli 1861
Höchster Durchschnitt an Gewittertagen	251 Tage pro Jahr	Tororo, Uganda, Afrika	–

Der trockenste Ort der Welt ist die Atacama-Wüste in Chile (Südamerika); hier fällt praktisch überhaupt kein Regen.

Schnee kann sich rasch zu großen Schneewehen aufhäufen. 1971/72 fielen am Mount Rainier im US-Staat Washington binnen 12 Monaten über 30 Meter Schnee.

SCHNEE UND EIS

Rekord	Höhe/Gewicht	Ort	Datum
Höchster Schnee pro Jahr	31 102 mm	Mount Rainier, Washington, USA	19. Februar 1971 bis 18. Februar 1972
Schwerste Hagelkörner	1 kg	Gopalganj, Bangladesh, Asien	14. April 1986

Millionen von Schnee-flocken fallen in einem einzigen Schneesturm. Jede Flocke hat ein einzigartiges, sechs-seitiges Muster.

SCHWERE BLIZZARDS

Datum	Ort	Tote
1996	Himalaja	239
1996	Nordosten der USA	100
1993	Osten der USA	200
1967	Südwesten der USA	51
1958	Nordosten der USA	171
1956	Westeuropa	–
1947	New York City, Nordosten der USA	55
1940	Nordosten und Mittelwesten der USA	144
1888	Osten der USA	400

SCHWERE ÜBERSCHWEMMUNGEN

Region	Datum	Auswirkungen
Mozambique, Afrika	2000	Hunderte von Toten
Papua-Neuguinea	1998	3 000 Tote
Chang Jiang, China	1991	Flusshochwasser; 1 700 Tote, 2 Millionen Obdachlose
Golf von Bengalen	1970	Sturmflut; über 250 000 Tote
Farahzad, Iran	1954	2 000 Tote
Chang Jiang, China	1931	3 700 000 Tote
Chang Jiang, China	1911	100 000 Tote
Galveston, Texas, USA	1900	5 000 Tote
Johnstown, Pennsylvania, USA	1889	Dammbruch; 2 209 Tote

Im April 2000 traf den westindischen Staat Gujarat die schlimmste Dürre seit 100 Jahren. Über 9 000 Dörfer litten unter diesem Wetterextrem.

SCHWERE DÜRREN

Region	Datum	Auswirkungen
Sahel, Sahara	1982-85, 1972-75 1940-44, 1920-24	Seit fast 100 Jahren leidet die Sahelzone unter Dürreperioden mit verheerenden Folgen
Indien	1965-67	Eine anhaltende Dürre forderte rund 1,5 Millionen Menschenleben
Mittelwesten der USA	1930-37	Nach jahrelanger intensiver Landwirtschaft Abtragung des trockenen Mutterbodens durch Wind; Entstehung des »Dust Bowl«

Die Antarktis ist der windigste Ort der Erde. In der Commonwealth Bay wurden orkanartige Westwinde mit Geschwindigkeiten bis zu 320 km/h registriert.

WIND UND WINDGESCHWINDIGKEITEN

Rekord	Geschwindigkeit	Ort	Datum
Windigster Ort	322 km/h	Commonwealth Bay, Antarktis	(In Sturmböen)
Höchstgeschwindigkeit	372 km/h	Mount Washington, New Hampshire, USA	12. April 1934
Höchstgeschwindigkeit in Bodennähe	333 km/h	Qaanaaq (Thule), Grönland	8. März 1972
Höchstgeschwindigkeit eines Tornados (per Radar)	512 km/h	Oklahoma City, Oklahoma, USA	3. Mai 1999

LUFTDRUCK

Rekord	Druck*	Ort	Datum
Höchster Barometerstand	1 083,8 mb	Agata, Sibirien, Russische Föderation, Asien	31. Dezember 1968
Tiefster Barometerstand	870 mb	483 km westlich von Guam, Pazifischer Ozean	12. Oktober 1979

*Der durchschnittliche Luftdruck auf der Erde beträgt 1 013 Millibar (mb).

Winde der Welt

Lokale Winde werden danach benannt, ob sie warm oder kalt, feucht oder trocken sind, woher sie wehen oder welche Auswirkungen sie auf Land und Menschen haben.

EINIGE NAMEN FÜR LOKALE WINDE

Name	Region	Beschreibung
Blizzard	Besonders Kanada und nördliche USA	Eisiger Sturmwind von Nord oder Nordwest mit Schneefall
Brickfielder	Südaustralien	Heißer, trockener Staubwind aus den Wüsten im Landesinneren; so genannt, weil er Staub von Ziegeleien südlich von Sydney aufwirbelte
Brisa	Südamerika	Passatwinde aus Nordost
Challiho	Indien	Starker Frühjahrswind aus Süden; Vorbote des Monsuns
Chili	Tunesien	Heißer, trockener Staubwind aus der nordafrikanischen Wüste
Cockeyed Bob	Nordwest-Australien	Stürmischer Wind, meist zwischen Dezember und März
Haboob	Nordwestafrika	Schwerer Staubsturm im Sommer
Mistral	Mittelmeerregion	Kalter, trockener Nordwind, überwiegend im Winter und Frühjahr
Schirokko	Mittelmeerregion	Warmer Frühjahrswind aus der heißen, trockenen Sahara und der arabischen Wüste
Steppenwind	Deutschland	Starker, kalter Wind aus den russischen Steppenregionen
Whirly	Antarktis	Kurzer, heftiger Sturm mit Wirbelwinden

Windskala

1806 führte der britische Admiral Sir Francis Beaufort diese Windstärkenskala für Seeleute ein. Die Auswirkungen der Winde an Land wurden später hinzugefügt.

BEAUFORT-SKALA

Nr.*	Name	Windgeschwindigkeit km/h	Auswirkungen an Land
0	Ruhig	Unter 1	Luft unbewegt; Rauch steigt senkrecht auf
1	Leiser Zug	2–5	Rauch treibt weg
2	Leichte Brise	6–11	Wind im Gesicht fühlbar; Blätter rascheln; Wetterfahnen bewegt
3	Schwache Brise	12–19	Blätter in ständiger Bewegung; leichte Fahnen richten sich gerade aus
4	Mäßige Brise	20–28	Äste bewegen sich, Staub und loses Papier werden aufgewirbelt
5	Frische Brise	29–38	Kleinere Bäume schwanken; Schaumkrönchen auf Binnengewässern
6	Starker Wind	39–49	Große Zweige schwanken, Telegrafenleitungen sirren
7	Steifer Wind	50–61	Ganze Bäume schwanken, fühlbarer Widerstand beim Gehen gegen den Wind
8	Stürmischer Wind	62–74	Zweige brechen von Bäumen ab
9	Sturm	75–88	Kleinere Schäden an Gebäuden
10	Schwerer Sturm	89–102	Bäume werden entwurzelt
11	Orkan	103–117	Gravierende Schäden
12	Hurrikan	Über 117	Zerstörung von Gebäuden

* Windgeschwindigkeiten an Land werden in Windstärken von 0 bis 12 eingeteilt.

Tornado-Skala

Die Fujita-Pearson-Skala wurde von Dr. Theodore Fujita zur Einstufung von Tornados nach dem Ausmaß der Windschäden entwickelt.

FUJITA-SKALA

Nr./ Kategorie	Windgeschwin- digkeit km/h	Auswirkungen
F0	64–116	Schäden an Schornsteinen; Zweige abgerissen
F1	117–180	Größere Wohnwagen werden aus der Verankerung gerissen oder umgestürzt
F2	181–253	Starke Schäden; Zerstörung von Wohnwagen; Bäume entwurzelt
F3	254–332	Schäden an Dächern und Mauern; umgestürzte Autos und Züge
F4	333–418	Zerstörung von solidem Mauerwerk
F5	420–512	Häuser werden über beträchtliche Distanzen weggeweht

Vom Tornado verwüstete Wohnwagen in Florida.

SCHWERE TORNADOS IN USA

Region	Datum	Opfer
Oklahoma (F5)	1999	(Wenige)
Südosten	1994	52
Südwesten	1974	315
Mittlerer Westen	1965	27
Georgia, Mississippi	1936	455
Alabama	1932	268
Mittlerer Westen	1925	689

Hurrikan-Skala

Diese Skala wurde um 1920 von Herbert Saffir und Dr. Robert Simpson zur Messung potentieller Hurrikan-Schäden entwickelt. Sie basiert auf Windgeschwindigkeiten und listet in allen fünf Kategorien auch die möglichen Auswirkungen von Sturmfluten auf.

SAFFIR-SIMPSON-SKALA FÜR HURRIKAN-SCHÄDEN

Windstärke	Windgeschwindigkeit in km/h	Sturmflut in Metern	Auswirkungen an Land
1 Minimal	119–153	1,2–1,5	Schäden an Bäumen und Büschen
2 Mäßig	154–176	1,8–2,3	Stärkere Schäden an Bäumen und Büschen; umgewehte Bäume; starke Schäden an freistehenden Wohnwagen
3 Stark	179–209	2,7–3,6	Große Bäume brechen; schwerste Schäden an Wohnwagen, kleineren Gebäuden sowie Fenstern, Türen und Dächern
4 Extrem	210–249	3,9–5,5	Bäume, Büsche und Verkehrsschilder knicken um; komplette Zerstörung von Wohnwagen; starke Schäden an Fenstern, Türen und Dächern
5 Verheerend	Über 249	Über 5,5	Sämtliche Bäume, Büsche und Verkehrsschilder knicken um; schwere und weitreichende Gebäudeschäden, komplette Zerstörung von Wohnwagen und bestimmten Gebäuden

Die kreiselnden Bewegungen des Hurrikans »Emilia«: Das »Auge« im Zentrum des Sturms vergönnt den Orten, über die es hinwegzieht, etwa eine halbe Stunde Atempause.

SCHWERE HURRIKANE, TAIFUNE UND ZYKLONE

Name/Ort	Datum	Opfer
Hurrikan Floyd, Osten der USA	1999	17
Hurrikan Georges, Puerto Rico, Florida Keys, Südosten der USA	1998	16
Zyklon, Andhra Pradesh, Indien	1996	1 000+
Hurrikan Andrew, Florida, Louisiana, USA	1992	61
Zyklon, Bangladesh	1991	139 000
Hurrikan Hugo, Puerto Rico, US Virgin Islands sowie Süd- und Nord-Carolina, USA	1989	86
Zyklon, Bangladesh	1970	300 000
Hurrikan Flora, Karibik	1963	6 000
Taifun Vera, (»Isewan«), Japan	1959	4 466
Zyklon, Golf von Bengalen	1942	40 000
Taifun, Hongkong	1906	10 000

Auswirkungen an der Küste

Geringe Schäden an Molen und Booten

Größere Schäden an Molen und Jachthäfen; kleine Boote werden selbst in geschützter Lage aus der Verankerung gerissen

Schwere Überflutungen entlang der Küste; Zerstörung kleinerer Gebäude in Küstennähe

Bis zu 3 m über dem Meeresspiegel liegendes Land wird bis zu 10 km landeinwärts überspült; Flut- und Bruchschäden durch Wellen und Treibgut

Starke Schäden der unteren Etagen von knapp über dem Meeresspiegel und nahe der Küste liegenden Häusern; möglicherweise vollständige Evakuierung des Küstengebiets nötig

Wolken
und Nebel

Die folgenden Tabellen führen die wichtigsten
Wolken- und Nebelarten auf. Nebel ist letztlich nichts
anderes als eine Wolke mit »Bodenberührung«.

DIE WICHTIGSTEN WOLKENARTEN

Wolkenschicht	Beschreibung	Höhe in m
Stratus	Sehr flach, meist einheitlich und grau; lässt Sonnenschein durch	Unter 450
Cumulus	Flauschig-wollige Wolken, oben blumenkohlförmig ausgewölbt	450 – 2 000
Stratocumulus	Tiefe graue oder weiße Wolke, flach geschichtet mit Ballen und Wölbungen	450 – 2 000
Cumulonimbus	Hohe, dichte, regenträchtige Cumulus-Wolke, gelegentlich mit amboss-förmigem Deckel	450 – 2 000
Nimbostratus*	Dichte graue oder dunkelgraue Schichtwolken, die Regen oder Schnee bringen	900 – 3 000
Altostratus	Mittelhohe, großflächige Wolken	2 000 – 7 000
Altocumulus	Mittelhohe weiße oder graue Schichtwolken mit Haufenbildungen	2 000 – 7 000
Cirrus	Hohe, einzelne Wolken aus Eis-kristallen; häufig halb durchsichtig	5 000 – 13 500
Cirrostratus	Weißliche, glatte und flache Cirrus-Wolken, großflächig verteilt	5 000 – 13 500
Cirrocumulus	Cirrus-Wolken mit geriffelten oder körnigen kleinen Haufenbildungen	5 000 – 13 500

* Nimbostratus-Wolken können bis in tiefere oder höhere Schichten reichen.

NEBELSICHTWEITE

Typ	Sichtweite in m	Auswirkung
Nebel	Unter 1 000	Flugverkehr eingestellt
Dichter Nebel	50 – 200	Gefährdung für den Straßenverkehr
Starker Nebel	Unter 50	Sämtlicher Verkehr erliegt

Nebel

Nebel besteht aus kondensierten Wassertröpfchen, gelegentlich gemischt mit Rauch- und Staubpartikeln. Von Nebel spricht man, wenn in den unteren Schichten der Atmosphäre die Sichtweite unter 1 000 Meter beträgt.

Mischungsnebel nahe dem Dorf Grice Fjord auf Ellesmere Island in der kanadischen Arktis. Mischungsnebel treten häufig im Frühjahr und Sommer an kühlen Meeren auf und sind in Küstenregionen verbreitet anzutreffen.

NEBELARTEN

Name	Beschreibung
Eisnebel	Wassertröpfchen gefrieren zu winzigen Eiskristallen und behindern die Sicht
Mischungsnebel	Bildet sich, wenn relativ warme, feuchte Luft über eine kalte Oberfläche hinwegzieht
Strahlungsnebel	Bildet sich abends über Land bei leichtem Wind und klarem Himmel; seine Bildung ist äußerst komplex und hängt mit der Abkühlung von Luft ca. 30 m über dem Boden und mit der Oberflächenbeschaffenheit des Bodens zusammen
Hangnebel	Entwickelt sich an windzugewandten, hochgelegenen Hängen, wenn aufsteigende Luft in zunehmender Höhe mit Feuchtigkeit angereichert wird
Frontalnebel	Bildet sich in Nähe einer Wetterfront, wenn Regen aus warmen Schichten in tiefere, stabile Kaltluft fällt und die kalte Schicht mit seiner verdunsteten Feuchtigkeit anreichert
Arktischer Seerauch	Entsteht durch Verdunstung und Kondensierung in kalter, trockener Luft über kalten Gewässern

Wetterkarten-symbole

Meteorologen verwenden überall die gleichen Wettersymbole, um ihre Wetterinformationen leichter vergleichen zu können. Hier einige Übersichten.

FRONTEN

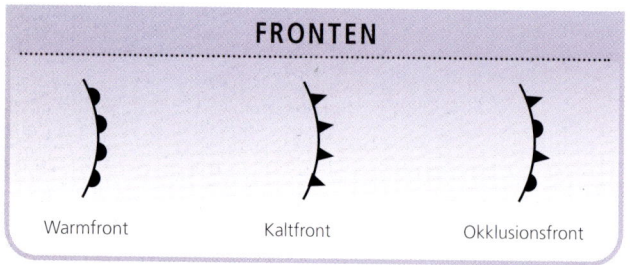

| Warmfront | Kaltfront | Okklusionsfront |

BEWÖLKUNG

Wolkenlos	◯
Vereinzelte Wolken	◐
Heiter (¼ bedeckt)	◕
Mittlere Bewölkung	◑
Bewölkt (½ bedeckt)	◐
Stärkere Bewölkung	◕
Starke Bewölkung (¾ bedeckt)	◕
Weitgehend bedeckt	◕
Bedeckt (durchgehend)	●

WINDGESCHWINDIGKEIT

Windstille	◎
1 – 2 Knoten*	—◯
5 Knoten	⊸◯
10 Knoten	⊸◯
15 Knoten	⊸◯
20 Knoten	⊸◯
25 Knoten	⊸◯
30 Knoten	⊸◯
35 Knoten	⊸◯
40 Knoten	⊸◯

*Ein Knoten entspricht 1 853 m/h.

EINIGE INTERNATIONALE WETTERSYMBOLE

=== | ☰ ☰ | ☰

Starker Dunst | Stellenweise Bodennebel | Nebel

, | **,,** | **,,**

Leichter Nieselregen mit Unterbrechungen | Anhaltender leichter Nieselregen | Anhaltender mäßiger Nieselregen

• | **• •** | **⁖**

Leichter Regen mit Unterbrechungen | Anhaltender leichter Regen | Anhaltender starker Regen

✳ | **✳✳** | △

Leichter Schneefall mit Unterbrechungen | Mäßiger Schneefall mit Unterbrechungen | Eisregen

◁ | ↰ |

Blitzerscheinung (ohne Donner) | Gewitter (ohne Niederschlag) | Schweres Gewitter mit Regen, Schnee, Hagel

 | |

Leichte Regenschauer | Mäßige bis starke Regen- oder Schneeschauer | Schneeregen oder leichter Hagel

⤳ |)(| ⌐∿

Leichter bis mäßiger Sand- oder Staubsturm | Tornado | Eingeschränkte Sicht durch Rauchentwicklung

Glossar

Amboss: Von Höhenwinden auseinandergezogen, breiten sich Cirrus-Wolken über einer Cumulonimbus-Wolke ambossförmig aus. Die Amboßwolke markiert häufig die Obergrenze der Troposphäre.

Anemometer: Gerät zur Messung der Windgeschwindigkeit.

Antizyklon: Hochdruck-Wettersystem (»Hoch«), innerhalb dessen ein höherer atmosphärischer Druck herrscht als in den umliegenden Luftschichten. Auf der Nordhalbkugel treibt der Wind einen Antizyklon im Uhrzeigersinn vorwärts, auf der Südhalbkugel gegen den Uhrzeigersinn.

Atmosphäre: Gasförmige Hülle um die Erde (oder um andere Planeten).

Atmosphärischer Druck: *Siehe* Luftdruck.

Barometer: Instrument zur Messung des Luftdrucks. Ein Abfall kündigt meist Sturm an, ein Anstieg hingegen schönes Wetter.

Beaufort-Skala: Messtabelle für Windgeschwindigkeiten, geordnet nach Stärken von 0-12.

Blizzard: Sturm mit Geschwindigkeiten über 56 km/h, starken Schneefällen und -verwehungen sowie drastisch eingeschränkter Sicht.

Cirrus: Fedrige, hohe, weiße Wolken aus Eiskristallen.

Corioliskraft: Die von der Erdrotation verursachte Ablenkung der Luft- und Wasserströmungen, die in Wellenbewegungen um die Erde zirkulieren. Auf der Nordhalbkugel werden Winde nach rechts, auf der Südhalbkugel nach links abgelenkt.

Cumulus: Flauschige Wolken mit blumenkohlförmigen Ausstülpungen, die sich zu Sturmwolken (Cumulonimbus) verdichten können.

Dunst: Verschleierung der unteren Atmosphärenschichten mit Sichtweiten über 1 000 Meter.

FCKW (Fluorchlorkohlenwasserstoff): Gasgemisch aus Chlor, Fluor und Kohlenwasserstoff, das der Ozonschicht schaden kann.

Fossile Brennstoffe: Kohle, Öl und Erdgas, in Jahrtausenden aus der Zersetzung von Pflanzen und Tieren entstanden.

Front: Trennlinie zwischen verschiedenen Luftmassen. Alle drei Haupttypen – Warm-, Kalt- und Okklusionsfront – bringen unbeständiges Wetter und meist auch Regen mit sich.

Fujita-Pearson-Skala: Von Dr. Fujita entwickelte Skala zur Klassifizierung von Tornados nach dem Ausmaß der von ihnen verursachten Schäden. F0 bezeichnet den schwächsten, F5 den stärksten Tornadotyp.

Gemäßigtes Klima: Typische, warme und milde Wetterbedingungen in den mittleren Breitengraden.

Gewitter: Stürmischer Wind mit Donner und Blitz; bildet sich in Cumulonimbus-Wolken und wird meist von heftigem Regen oder auch Hagel begleitet.

Gewitterbö: Fast oder direkt vertikaler Ausfall starker, bodennaher Winde, meist in Zusammenhang mit einem Gewitter.

Glazial: Periode, in der große Landflächen von Eis bedeckt waren (wird auch als »Eiszeit« bezeichnet).

Globale Erwärmung: Erwärmung der Atmosphäre infolge von Umweltverschmutzung (*siehe auch* Treibhauseffekt).

Hemisphäre: Die eine Hälfte einer Sphäre. Der Äquator teilt die Erde in die nördliche und die südliche Hemisphäre (Nord- und Südhalbkugel).

Hoch: Gebiet mit hohem atmosphärischem Druck (*siehe auch* Antizyklone).

Hurrikan: *Siehe* Tropischer Zyklon.

Interglazial: Warme Periode zwischen zwei Eiszeiten.

Isobaren: Linien auf einer Wetterkarte, die Regionen mit identischem atmosphärischem Druck miteinander verbinden.

Jetstream: Starker Wind in der oberen Atmosphäre, der tiefer liegende Stürme lenkt. Jetstreams trennen kalte und warme Luftmassen.

Kaltfront: Grenzfläche einer sich fortbewegenden kalten Luftmasse.

Kohlendioxid: Von Menschen und Tieren beim Atmen abgesondertes, farb- und geruchloses Gas, das von Pflanzen absorbiert wird. Ein zu hoher Kohlendioxidgehalt in der Atmosphäre führt zu globaler Erwärmung.

Kondensierung: Übergang von Gas oder Dampf in festen oder flüssigen Zustand.

Luftdruck: Druck der Lufthülle auf die Erde infolge ihrer Gewichtskraft (wird auch als »Atmosphärischer Druck« bezeichnet).

Luftfeuchtigkeit: Wasserdampfanteil der Luft.

Luftmasse: Größere Luftmenge mit annähernd gleicher Temperatur und Feuchtigkeit.

Meteorologe: Wissenschaftler, der sich mit dem Studium der Meteorologie (Wetter- und Klimakunde) befasst.

Millibar: Einheit zur Messung des Luftdrucks. Der Durchschnittswert auf der Erde beträgt 1 013 Millibar.

Mischungsnebel: Entsteht durch kondensierten Wasserdampf, wenn warme, feuchte Luft über einen kalten Boden oder die Meeresoberfläche hinwegzieht.

Monsun: Je nach Jahreszeit aus unterschiedlichen Richtungen wehender Wind; bezeichnet auch den Regen, den er einigen Weltregionen im Sommer beschert.

Niederschlag: Wasserabsonderungen aus der Atmosphäre, die den Boden in Form von Regen, Hagel oder Schnee erreichen.

Nordhalbkugel: *Siehe* Hemisphäre.

Okklusionsfront: Spätstadium eines Fronttiefs. Der Name leitet sich von dem lateinischen Wort für das »Aussperren« bodennaher warmer Luft durch eine rascher ziehende Kaltfront ab.

Ozonschicht: Schicht in der Atmosphäre mit hoher Konzentration von Ozongas.

Passatwinde: Beständige Winde zu beiden Seiten des Äquators. Auf der Nordhalbkugel wehen sie nach Nordosten, auf der Südhalbkugel nach Südosten.

Radiosonde: Messinstrument an einem Wetterballon, das im Aufsteigen Luftdruck, -feuchtigkeit, Temperatur, Windgeschwindigkeit und -richtung übermittelt.

Saurer Regen: Durch Anreicherung mit Schwefeldioxid und anderen Schadstoffen stark säurehaltiger Regen.

Sichtweite: Größte Entfernung, bei der ein Objekt je nach Trübung der Luft noch deutlich erkennbar ist.

Sonnenflecken: In einem elfjährigen Zyklus auf der Sonnenoberfläche auftretende Flecken, die außergewöhnliche Hitze und Aktivität anzeigen.

Staubsturm: Höhenwinde mit losem Staub und Sichtweiten von 800 Metern.

Stratus: Tiefhängende graue Schichtwolken, häufig begleitet von Nieselregen.

Sturmflut: Anstieg des normalen Wasserpegels entlang der Küste infolge starker Winde oder abfallenden Luftdrucks; meist im Vorfeld von Stürmen oder Hurrikanen.

Südhalbkugel: *Siehe* Hemisphäre.

Taifun: *Siehe* Tropischer Zyklon.

Tau: Wassertröpfchen kondensieren auf Pflanzen zu Tau, wenn die nächtlichen Temperaturen den so genannten Taupunkt unterschreiten.

Tief: Gebiet mit niedrigem atmosphärischem Druck *(siehe auch* Zyklon).

Tieffront: Ein Tief, in dem zwei aufeinander treffende Luftmassen träge um ein Zentrum kreisen und für unbeständiges Wetter sorgen.

Tornado: Plötzlich auftretender heftiger Sturm, bei dem sich eine trichterförmige, rotierende Luftsäule von der Basis einer Wolke bis zum Erdboden erstreckt.

Treibhauseffekt: Erwärmung der Erdoberfläche infolge von Treibgasen, die Sonnenlicht auf die Erde gelangen, die vom Boden abgegebene Hitze jedoch nicht nach oben entweichen lassen.

Tropischer Zyklon: Heftiger tropischer Sturm, der mit rund 120 km/h um ein Tiefdruckgebiet rotiert. Je nach dem Ort heißt er auch Hurrikan oder Taifun.

Troposphäre: Die unterste Schicht der Atmosphäre, in der sich ein Großteil des Wettergeschehens abspielt.

Verdunstung: Übergang eines festen oder flüssigen Stoffes in Gas oder Dampf.

Vorherrschende Winde: Nach Richtung und Stärke für eine Region typische Winde.

Warmfront: Grenzfläche einer sich fortbewegenden warmen Luftmasse.

Wasserdampf: Wasser in Form eines unsichtbaren, gelösten Gases.

Wind: Bewegte Luft. Die »Windrichtung« bezeichnet die Richtung, aus der ein Wind weht.

Zyklon: Tropischer Sturm mit spiralig einwärts drehenden Winden.

Register

117

Internetadressen:

Internetseiten werden ständig aktualisiert.
Hier einige Adressen zum Thema Wetter:

- http://www.wetterzentrale.de
- http://www.meteoworld.de
- http://www.blitzwetter.de
- http://www.wetter.net
- http://www.sfdrs.ch/sendungen/meteo/lexikon

EXTREMES WETTER:

- http://www.nhc.noaa.gov
Homepage des National Hurricane Centre
(Hurrikan-Überwachung) – Informationen
und aktuelle Hinweise über Hurrikane in
aller Welt, in Englisch.

BILDER:

- http://www.goes.noaa.gov/
Vom Server eines geostationären Satelliten
übermittelte Bilder von Wetterphänome-
nen, in Englisch.